MULHERES EM ABISMO
A PERSONAGEM FEMININA EM MARQUES REBELO

Editora Appris Ltda.
1.ª Edição - Copyright© 2024 da autora
Direitos de Edição Reservados à Editora Appris Ltda.

Nenhuma parte desta obra poderá ser utilizada indevidamente, sem estar de acordo com a Lei nº 9.610/98. Se incorreções forem encontradas, serão de exclusiva responsabilidade de seus organizadores. Foi realizado o Depósito Legal na Fundação Biblioteca Nacional, de acordo com as Leis nos 10.994, de 14/12/2004, e 12.192, de 14/01/2010.

Catalogação na Fonte
Elaborado por: Josefina A. S. Guedes
Bibliotecária CRB 9/870

A454m 2024	Alonso, Mariângela 　　Mulheres em abismo: a personagem feminina em Marques Rebelo / Mariângela Alonso. – 1. ed. – Curitiba: Appris, 2024. 　　164 p. ; 23 cm. - (Linguagem e literatura). 　　Inclui referências. 　　ISBN 978-65-250-6091-0 　　1. Rebelo, Marques, 1907-1973. 2. Mulheres na literatura. 3. Ficção brasileira. I. Título. II. Série. <div align="right">CDD – B869.3</div>

Livro de acordo com a normalização técnica da ABNT

Appris
editora

Editora e Livraria Appris Ltda.
Av. Manoel Ribas, 2265 – Mercês
Curitiba/PR – CEP: 80810-002
Tel. (41) 3156 - 4731
www.editoraappris.com.br

Printed in Brazil
Impresso no Brasil

Mariângela Alonso

MULHERES EM ABISMO
A PERSONAGEM FEMININA EM MARQUES REBELO

Appris
editora

Curitiba, PR
2024

FICHA TÉCNICA

EDITORIAL	Augusto V. de A. Coelho
	Sara C. de Andrade Coelho
COMITÊ EDITORIAL	Marli Caetano
	Andréa Barbosa Gouveia - UFPR
	Edmeire C. Pereira - UFPR
	Iraneide da Silva - UFC
	Jacques de Lima Ferreira - UP
SUPERVISOR DA PRODUÇÃO	Renata Cristina Lopes Miccelli
PRODUÇÃO EDITORIAL	Sabrina Costa
REVISÃO	Andrea Bassoto Gatto
DIAGRAMAÇÃO	Renata Cristina Lopes Miccelli
CAPA	Lívia Weyl
REVISÃO DE PROVA	Jibril Keddeh

COMITÊ CIENTÍFICO DA COLEÇÃO LINGUAGEM E LITERATURA

DIREÇÃO CIENTÍFICA Erineu Foerste (UFES)

CONSULTORES

- Alessandra Paola Caramori (UFBA)
- Alice Maria Ferreira de Araújo (UnB)
- Célia Maria Barbosa da Silva (UnP)
- Cleo A. Altenhofen (UFRGS)
- Darcília Marindir Pinto Simões (UERJ)
- Edenize Ponzo Peres (UFES)
- Eliana Meneses de Melo (UBC/UMC)
- Gerda Margit Schütz-Foerste (UFES)
- Guiomar Fanganiello Calçada (USP)
- Ieda Maria Alves (USP)
- Ismael Tressmann (Povo Tradicional Pomerano)
- Joachim Born (Universidade de Giessen/Alemanha)
- Leda Cecília Szabo (Univ. Metodista)
- Letícia Queiroz de Carvalho (IFES)
- Lidia Almeida Barros (UNESP-Rio Preto)
- Maria Margarida de Andrade (UMACK)
- Maria Luisa Ortiz Alvares (UnB)
- Maria do Socorro Silva de Aragão (UFPB)
- Maria de Fátima Mesquita Batista (UFPB)
- Maurizio Babini (UNESP-Rio Preto)
- Mônica Maria Guimarães Savedra (UFF)
- Nelly Carvalho (UFPE)
- Rainer Enrique Hamel (Universidad do México)

Para minha sobrinha Raíssa Manzano (in memoriam), amor que transcende o cosmos.

AGRADECIMENTOS

Ao professor Ariovaldo José Vidal, por quem nutro grande admiração e respeito, agradeço pelo acolhimento, paciência e supervisão dedicada e precisa, sem a qual esta pesquisa não teria sido desenvolvida.

Aos demais professores do Departamento de Teoria Literária e Literatura Comparada da Universidade de São Paulo, em especial, Ana Paula Pacheco, Betina Bischof, Marcelo Pen, Fábio Andrade e Jorge Almeida.

A Yudith Rosenbaum, pela atenção tão delicada e pela mão estendida.

Aos professores Mário Luiz Frungillo e Antônio Edmilson Martins Rodrigues, pela leitura atenta e criteriosa.

À minha família, que num momento de grande perda e turbulência não deixou de demonstrar entusiasmo e apoio ao meu trabalho. À minha mãe, Lourdes Schneider Alonso, pelo diálogo sempre amoroso. Ao meu pai, Luiz Alonso (*in memoriam*), pela vida exemplar, que forneceu os valores que me guiam até hoje. Aos meus irmãos Osvaldo e Maria Isabel, pela solidariedade e pela presença permanentes. Em especial, à minha irmã Marta, que me ensinou a transformar a dor em aprendizado constante. Agradeço por todo o afeto que vem costurando nossas vidas ao longo desses anos tão difíceis. "É preciso estar atento e forte".

Ao meu marido, Eduardo, pela paciência, pela compreensão e pelo amor com que me estende a mão a cada novo passo de nossa caminhada. Seu apoio e sua presença amorosa foram fundamentais.

Finalmente, agradeço à Faculdade de Filosofia, Letras e Ciências Humanas da Universidade de São Paulo (FFLCH-USP), por mais um pós-doutorado e pela realização de atividades que enriqueceram minha trajetória como pesquisadora.

PREFÁCIO

O livro que o leitor tem agora em mãos é o resultado de um pós-doutorado feito pela professora Mariângela Alonso no Departamento de Teoria Literária e Literatura Comparada da USP, entre os anos de 2021 e 2023.

Depois de um longo percurso de estudos sobre a obra de Clarice Lispector, Mariângela Alonso resolveu debruçar-se sobre a obra do escritor carioca Marques Rebelo (1907-1973), especialmente sobre seu testamento literário, o romance cíclico *O espelho partido* (1959-1968), obra publicada em três volumes, mas prevista inicialmente para sete. Como recorte para poder dar conta de obra tão extensa (com mil e setecentas páginas publicadas), a autora concentrou-se nas figuras femininas que aparecem no diário de Eduardo (o narrador), escolha que vai ao encontro de um aspecto central da obra, pois o ciclo possui como epígrafe geral uma frase do escritor irlandês George Moore (1852-1933), que diz: "A memória de todo homem é um espelho de mulheres mortas".

A abordagem de Mariângela para dar conta dessa leitura seguiu sua trajetória como especialista no conceito de *mise en abyme*, procedimento central da literatura moderna. Ora, um dos motivos decisivos da *mise en abyme* é justamente o espelho, metáfora central da obra e do procedimento de leitura adotado. Assim, espelho contra espelho, a leitura de Mariângela Alonso acompanha a construção fragmentária do romance-rio, compreendendo a trajetória especular das figuras que surgem, ressurgem e desaparecem da vida do narrador. Tal empreitada parte da definição de *mise en abyme* não simplesmente como narrativas que se encaixem na narrativa maior, mas como personagens que nascem de outras personagens, persistência de determinados perfis ao longo do tempo, perfis que se desdobram e se ampliam, ligando dessa forma a obra precedente do autor com a obra final.

Mas a leitura empreendida não se restringe unicamente a ver as personagens como possíveis bonecas russas, saindo umas das outras; ao contrário, a intenção da leitura se completa ao ver as personagens femininas também na condição histórica de mulheres, vivendo num ambiente patriarcal onde não faltam preconceitos contra elas. Isso leva a dar maior complexidade à figura do narrador, que não aparece unicamente na condição lírica do sujeito melancólico, mas também na sua condição brasileira de mentalidade patriarcal e origem escravocrata, amando e desprezando as amantes.

O trabalho está estruturado em três unidades, sendo a primeira a Introdução teórica, que recebeu o título de "O espelho, o prisma e o mosaico", em que a autora demonstra os anos dedicados ao estudo do conceito de *mise en abyme*, convocando vários nomes decisivos da teoria a fim de ajustar o foco pertinente à abordagem da obra de Rebelo. Assim, procura ver o conceito em diferentes implicações e teorias, desde as relações com a heráldica até as relações com os fractais; desde a composição da narrativa em encaixe até as duplicações de suas personagens e narradores, narradores e autores.

Para viabilizar a leitura das inúmeras personagens femininas que aparecem no romance-rio, a professora estabelece – no capítulo "Cornucópia de mulheres" – uma divisão em função da diversidade social e psicológica das personagens, separando-as em dois grandes grupos: as "Liberais e desviantes", composto por amantes do narrador, cantoras de rádio e outras; e as "Rainhas do Lar", figuras marcadas pelo confinamento à vida doméstica, umas e outras vivendo a condição social repressiva para a mulher. Há também um grupo menor, o das "Crianças duplicadas", mas com figuras marcantes na obra desse autor tão fascinado pelas descobertas precoces do amor na infância, bem como pela própria literatura infantil. A partir dessa caracterização, que faz ecoar os estereótipos da vida do período, Mariângela procura dar às figuras a complexidade que a própria narrativa fragmentada cria no movimento incessante da memória.

O segundo capítulo – "O autor *en abyme* ou a consciência autoscópica" – dedica-se a ver não mais as personagens que habitam o universo de Eduardo, mas o próprio autor em condição de *abyme*, situação tão cara a Marques Rebelo, misturando o tempo todo ficção e vida. Nesse sentido, a narrativa extensa cria um "jogo poroso", fazendo com que as instâncias do narrador e do autor estabeleçam um cruzamento de dados, a começar do fato de que se ambos são escritores, são também leitores, momento em que o trabalho elege alguns nomes decisivos do diário de Eduardo e vida de Rebelo, lidos pelos dois. O cruzamento das duas instâncias aparece também no nome das obras mencionadas dos autores ficcional e empírico, além de outras tantas confluências já apontadas pela crítica, fazendo do romance-rio também um *roman à clef*.

Além de ser uma contribuição inegável à fortuna crítica do autor, o estudo de Mariângela Alonso é igualmente porta de entrada para o labirinto caleidoscópico do romance de Marques Rebelo.

Prof. Dr. Ariovaldo José Vidal
Universidade de São Paulo

APRESENTAÇÃO

Apesar da recepção favorável e do sucesso que lhe preconizou a crítica quando da publicação de seu primeiro volume, *O trapicheiro*, em 1959, a trilogia *O espelho partido*, de Marques Rebelo, objeto do estudo que se oferece ao leitor interessado neste livro de Mariângela Alonso, permanece um segredo ainda a ser descoberto por um público mais amplo. De fato, se alguns dos romancistas da década de 1930, como Graciliano Ramos e Cyro dos Anjos (talvez também José Lins do Rego e Rachel de Queiroz), produziram sua obra definitiva dentro daquele breve espaço de tempo, ou em poucos anos mais, há outros, como Érico Veríssimo, Cornélio Penna, Lúcio Cardoso e Jorge Amado cuja presença na história da literatura brasileira só pode ser devidamente avaliada se levarmos em conta os desdobramentos de sua produção literária num período bem mais amplo. Entre esses, Marques Rebelo ocupa uma posição singular, pois almejou produzir, com seu romance cíclico, uma "suma de época" (este o título com que o saudou o crítico Otto Maria Carpeaux ao resenhar o primeiro volume). De um ponto de vista estritamente subjetivo, o do diário íntimo de um escritor carioca, o romance abarca tanto os acontecimentos históricos que marcaram os anos de 1936 a 1944 (com várias incursões num período anterior através da memória do narrador) quanto a vida literária de então, um dos momentos mais intensos, agitados e produtivos de nossa literatura, sobretudo no romance. Mas não se trata de simples registro. Todo o quadro, embora por vezes demasiado transparente, é elaborado sob a forma ficcional, o que lhe confere a necessária vivacidade e abrangência.

Pelo exposto acima deve ficar evidente que não é tarefa simples se movimentar pelas páginas da obra de Marques Rebelo. Se a observação angustiada dos fatos históricos pode facilmente conquistar a compreensão e a solidariedade do leitor, o quadro da vida literária, repleto de picuinhas, rivalidades e ressentimentos já exige um maior distanciamento crítico. Mas de todos os recortes possíveis para se realizar uma análise do romance, Mariângela Alonso escolheu o mais espinhoso: o da construção das personagens femininas. Pois a vida sentimental de Eduardo, o autor do diário que estamos lendo, é das mais tortuosas, sua atitude diante das mulheres com quem se relaciona, não raro, causa repulsa, e ao menos em dois momentos ele não esconde ter chegado mesmo à agressão física de sua companheira.

Como se vê, na construção do protagonista, o autor se atribuiu ao narrador do romance muito de sua própria biografia, não quis fazer dele uma personagem que desperte a simpatia incondicional do leitor. Para melhor compreendê-lo, temos de ir além de uma análise puramente epidérmica de suas atitudes antipáticas, bem como nos guardar de, seduzidos pela narração intimista de suas angústias, temores, sofrimentos e incertezas, sentir-nos inclinados a relevá-las. Importa ir além do julgamento da personagem, e de todas aquelas com as quais ela se relaciona, para enxergar no romance o pano de fundo de nossa vida social em todas as suas misérias, grandezas e contradições. Nisso Marques Rebelo se revela não apenas um grande romancista, mas também um genuíno representante de sua geração, a dos romancistas de 30.

Levando-se em conta essas dificuldades oferecidas pela leitura do romance é que se pode melhor avaliar a habilidade com que Mariângela Alonso conseguiu vencê-las. Elegendo entre as diversas abordagens possíveis analisar o processo de construção do romance através da *mise en abyme*, utilizando-se do conceito em toda a sua extensão, desde sua formulação por André Gide até os seus desdobramentos mais recentes, a autora empreende demonstrar o nexo de continuidade entre as personagens femininas no conjunto da obra de Marques Rebelo desde seu livro de estreia, o volume de contos *Oscarina* (1931) até *A guerra está em nós* (1968), último tomo publicado de *O espelho partido*. Emergem assim, em sua interpretação do romance, as semelhanças e parentescos entre as personagens femininas dos contos e romances publicados pelo autor antes de se lançar à composição de sua obra maior, bem como o reaparecimento nas páginas da trilogia de diversas figuras de seus contos e romances anteriores. Com isso revela a coerência do processo de criação literária do autor, e dá às personagens hoje esquecidas uma dimensão ampliada que é ao mesmo tempo uma análise crítica profundamente compreensiva e um convite à leitura, ou releitura, que a obra de Marques Rebelo, construída sobre o pano de fundo de um mundo em convulsão está a merecer, sobretudo à luz (ou sob as trevas) de nossas vivências mais recentes.

Prof. Dr. Mário Luiz Frungillo
Universidade Estadual de Campinas

Toda evolução é um retorno, um retorno que não é uma regressão. Retorno não quer dizer retorno para trás, mas retorno para "Adiante", retorno a este lugar que é nossa origem e nosso fim, nosso alfa e nosso ômega; este lugar que é fora do tempo.

(Jean-Yves Leloup)

SUMÁRIO

INTRODUÇÃO
O ESPELHO, O PRISMA E O MOSAICO 17

1
CORNUCÓPIA DE MULHERES 43
    1.1 LIBERAIS E DESVIANTES 52
        1.1.1 Aldina 53
        1.1.2 Clotilde 56
        1.1.3 Sabina 57
        1.1.4 Felicidade 58
        1.1.5 Desdobramentos em Oscarina e Rizoleta 59
        1.1.6 Lenisa Máier, Neusa Amarante e Glorita Barros 66
        1.1.7 Maria Berlini e Júlia Matos: desdobramentos em Lenisa 73
        1.1.8 Dagmar, Catarina, Lobélia, Madalena, Solange e Cinara: desdobramentos em Zuleica e Stela 82
    1.2 RAINHAS DO LAR 94
        1.2.1 Luísa e Susana Mascarenhas: desdobramentos em Sussuca e Zita 96
        1.2.2 Dona Carlota e Lena: desdobramentos em dona Nieta e dona Manuela 101
        1.2.3 Tia Mariquinhas, dona Marcionília Peçanha, Mimi e Florzinha 102
    1.3 CRIANÇAS DUPLICADAS 107
    1.4 FRACTAIS 115

2
O AUTOR *EN ABYME* OU A CONSCIÊNCIA AUTOSCÓPICA 125
    2.1 ESPELHOS RETROVISORES 136
    2.2 ESCRITORES NO ESPELHO 141

CONCLUSÃO 147

REFERÊNCIAS 151

BIBLIOGRAFIA 159

INTRODUÇÃO

O ESPELHO, O PRISMA E O MOSAICO

OVNI

Sou uma coisa entre coisas
O espelho me reflete
Eu (meus
Olhos)
reflito o espelho.

Se me afasto um passo
o espelho me esquece:
– reflete a parede
a janela aberta.

Eu guardo o espelho
o espelho não me guarda
(eu guardo o espelho
a janela a parede
rosa
eu guardo a mim mesmo
refletido nele)
sou possivelmente
uma coisa onde o tempo
deu defeito.

(Ferreira Gullar)

Esta pesquisa justifica-se por recolocar em discussão um autor importante e pouco estudado atualmente: Marques Rebelo (1907-1973). Cumpre sublinhar que a bibliografia acerca de sua obra é relativamente pequena quando comparada a de autores mais canônicos.

Reconhecida em vida do autor e atualmente reeditada pela editora carioca José Olympio (hoje um selo do grupo Record), a literatura de Marques Rebelo segue com poucos leitores, ao mesmo tempo que requer novas apreciações críticas, como indica Dirce Waltrick Amarante: "Às vezes o que falta é uma releitura da obra, um olhar diferente sobre ela, para que a obra ganhe novamente interesse. É necessário atualizar as leituras" (Amarante, 2020, n.p. *apud* Santos, 2020, n.p.). Visão semelhante é compartilhada por Rodrigo Gurgel: "A obra está disponível nas livrarias, mas o nome [de Marques Rebelo] definha num invólucro de silêncio" (Gurgel, 2020, n.p. *apud* Santos, 2020, n.p.).

Em sua totalidade, a narrativa rebeliana esforça-se pelo estabelecimento de uma expressão literária brasileira. Pela riqueza e pela complexidade de sua escrita, tal obra ainda exige aprofundados e rigorosos estudos e não deve ser compreendida ou medida apenas a partir de conceitos cristalizados e envelhecidos.

Espero, assim, que o trabalho aqui apresentado traga elementos consistentes para a retomada da obra de Marques Rebelo com base no procedimento narrativo da *mise en abyme*. Trata-se de encarar o conceito como apto à formulação de problemas e descoberta de motivos, com o objetivo de ampliar e aprofundar os estudos da narrativa rebeliana, inovando as percepções teórico-críticas. Acompanhando uma tendência europeia da Literatura Comparada, espero, ainda, contribuir para o debate e divulgação da técnica da *mise en abyme*, ainda pouco estudada no Brasil.

A ficção de Marques Rebelo opera com um tecido descontínuo, repleto de fragmentos que, ao fim e ao cabo, descrevem um todo expressivo. O resultado é uma obra que, embora inacabada, resulta na reintegração de um novo cenário, extenso e singular. Assim, o autor deixa entrever o fato de que por trás de sua técnica fragmentária subsiste um projeto estético de compreensão e revelação de um universo que se concretiza.

Com efeito, o ficcionista deixou inacabado o romance cíclico intitulado *O espelho partido*, cujo projeto previa a escrita e a publicação de sete volumes, dos quais apenas três vieram a lume devido a sua morte: *O trapicheiro* (1959), *A mudança* (1963) e *A guerra está em nós* (1968).

De acordo com Mário Frungillo (2001), a trilogia de *O espelho partido* foi elaborada a partir de um diário que Marques Rebelo começou a escrever em meados de 1936, conforme explicado em entrevista dada ao poeta e tradutor Fernando Py:

> Em 36, isso mesmo, comecei a escrever um diário, não muito minucioso nem profundo. Apenas para tomar apontamentos de fatos e pessoas que não desejava esquecer. Em 39, após a publicação de *A estrela sobe,* percebi que possuía um material a ser aproveitado para romance. E quando me decidi a escre-

vê-lo tive de fazer imensas alterações nos apontamentos. Não só as pessoas mudaram de nome, como surgiram personagens sem apoio em figuras reais e, o que é mais importante, fatos e pessoas foram desfeitos de tal modo que apenas fossem criação minha, não simples retrato de alguém ou de alguma coisa. Às vezes duas ou mais pessoas do diário serviram de base para a criação de uma única personagem. (Rebelo, 1963, não paginado *apud* Frungillo, 2001, p. 49).

Fragmentos desse diário foram publicados pelo autor desde 1938 na revista *Dom Casmurro* e posteriormente, já depois do lançamento de *O trapicheiro*, excertos de *A mudança* saíram em diversos periódicos, tais como *Letras e Artes, Senhor, Leitura, Fatos & Fotos, Sombra* etc. Tais excertos vinham ora apresentados como crônicas, ora traziam o título *Páginas de um diário*.

Nessa teia nômade, caracterizada por tecer o inacabado, diversos procedimentos discursivos estendem-se por repetições e acréscimos, elaborando, na fatura diversificada, os sentidos anteriores. Confirma-se, assim, o rearranjo textual da obra rebeliana, a exigir, constantemente, um novo olhar do leitor. Nesse jogo de espelhos, referências e modelos são colocados em cena, dando novos horizontes à apropriação.

O enredo de *O espelho partido* constrói-se a partir do diário de Eduardo, um escritor carioca, e abrange desde o início do ano de 1936 até meados de 1944. No exercício da escrita, o personagem procura revisitar episódios de sua vida mediante redes de referências evocadas subjetivamente. No entanto cabe ressaltar que os episódios retratados não obedecem rigorosamente à cronologia das datas anotadas, uma vez que tais registros abarcam uma grande amplitude temporal, incluindo recordações familiares, fatos cotidianos, a rotina de uma repartição comercial, diálogos com amigos, além das reflexões sobre literatura e eventos políticos relevantes de seu tempo.

Ora, o método adotado para o relato de Eduardo é o das associações livres, em que um assunto leva a outro, num mecanismo aberto, que serve de ponto de partida para a formação de cadeias associativas. Os elementos desse relato produzem uma densa rede de associações, as quais apresentam, ao mesmo tempo, tanto pontas isoladas quanto diferentes nós de memória que cruzam diferentes cadeias. Não por acaso, essa escrita caudalosa chamou a atenção de mais de um crítico, sendo chamada de "retrato" ou "suma de uma época" por Otto Maria Carpeaux (1999) e "romance-rio" por José Carlos Zamboni (2014), e outros. De fato, o texto capta os vários aspectos da vida brasileira, sem negligenciar o que ocorre mundialmente. Quanto ao contexto histórico, o diário abrange o período do Estado Novo, no plano nacional, e a ascensão do nazi-fascismo, no plano internacional. Portanto trata-se de uma época crítica e agitada, porosamente filtrada pelas lentes do narrador Eduardo:

> 4 de janeiro
>
> Recrudesce a luta na Espanha, como recrudesce o piche nos muros: Abaixo o Estado Novo! – guerra silenciosa das madrugadas, cujos guerrilheiros são perseguidos, presos, espaldeirados e punidos pela toga vigilante, inimiga de broxas e pincéis. (Rebelo, 2002, p. 333).

> 5 de janeiro
>
> Não pode mais, não é possível mais, tudo está por terra e persistem como num inconcebível exercício de suplício. Os dias são elásticos, a voz odiosa, os olhares odiosos, as noites monstruosas. (Rebelo, 2002, p. 333).

Acrescento, ainda, que a obra aproxima-se do chamado *roman à clef*,[1] devido ao material autobiográfico utilizado, com algumas pessoas e fatos reais tratados de forma fictícia. Muito embora traga à tona essas questões, a trilogia de *O espelho partido* não tenta conciliá-las ou resolvê-las, o que dificulta sua classificação em diário ou romance, discutida mais de uma vez pelos estudiosos: "[...] o diário de Eduardo é uma ficção de Marques Rebelo. Antes disso, contudo, é também uma ficção do próprio Eduardo. Temos a ficção de uma ficção, feita com os materiais da vida, e até com material tirado dos jornais da época" (Frungillo, 2001, p. 83).

Assim, são apresentados costumes e reflexões, além de situações em que se entreveem políticos, burocratas, artistas, escritores e intelectuais disfarçados sob identidades fictícias no Rio de Janeiro, cidade onde ocorre a trama. Uma vez que o valor intrínseco ao objeto literário é ampliado,

---

[1] Romance nascido em meio à cultura dos salões franceses, cujos traços marcantes envolvem pessoas e eventos reais, que surgem sob nomes fictícios, oferecendo ao autor a oportunidade de relatar casos íntimos e desmascarar as atitudes alheias. Suas bases remontam ao século XVII, sendo consolidadas pelas mãos da *salonière* Madeleine de Scudéry (1607-1701), que divulgava o gênero aos frequentadores dos seus famosos salões. Tais frequentadores tentavam, por meio de situações lúdicas, decifrar as chaves dos romances, revelando a identidade das pessoas reais aludidas nos textos. Cf. BOMBART, Mathilde. *Romans à clés*: une pratique illégitime au filtre de la critique littéraire des journaux. *In*: GLINOER, Anthony; LACROIX, Michel (org.). **Romans à clés**. Liège: Presses Universitaires de Liège, 2014.

como também são as relações de Eduardo com a sociedade de seu tempo, os destinos individuais são representados especularmente, como se estivessem refletidos e, ao mesmo tempo, entrelaçados à sociedade brasileira e mundial.

A narrativa de Eduardo parece oscilar, confundindo-se ao misturar nomes, situações, lembranças. No entanto sua consciência pensante organiza o texto, apresentando os fatos a partir de uma lógica interna, visto que aborda seus próprios interesses como personagem e narrador da própria história.

Importa observar que as convergências das associações livres criam certa instabilidade no interior do texto, já que os assuntos são escritos e tomados fragmentariamente, ao modo de uma escrita em "mosaico" ou "manto de retalhos" (Rebelo, 2002, p. 56), expressões do próprio Eduardo. Portanto a trilogia não chega a ser um exemplo fiel do gênero diário, ao mesmo tempo que não se completa enquanto romance, como observa o narrador ao embaralhar a questão nos fragmentos de maio de 1938 e janeiro de 1939, respectivamente: " – Tenho as minhas dúvidas de que este livro seja um romance..." (Rebelo, 2002, p. 398); "Oh, isto não é um romance! – dirão alguns técnicos, o que não tem importância e não constitui verdade. Tudo pode ser romance" (Rebelo, 2012, p. 29).

A polêmica em torno do gênero recria uma trajetória e um tempo estilhaçado, tal qual um espelho partido, para fazer valer a metáfora do título: "[...] espelho estilhaçado, do qual cada pequeno fragmento reflete uma parte do todo, mas que é justamente reflexo, e não reprodução fiel da realidade" (Frungillo, 2001, p. 83).

Parte e todo são elementos indissociáveis e fundamentais para compreender a escrita e a construção da obra de Marques Rebelo. Nesse grande mosaico, sobressai o reaproveitamento de temas e personagens da ficção anterior do autor, reforçando a ideia de obra monumental e única. Nessa retomada intratextual, despontam fragmentos de conjuntos variados, às vezes alterados com mínimas modificações, com pequenos cortes ou mudanças. Expandindo-se para além dos espaços ficcionais, a escrita rebeliana mostra-se em sua multiplicidade, legando-nos uma produção literária complexa e diversificada.

Os elementos das narrativas transmigram de uma obra a outra, atravessando romances, contos e crônicas, além de fatos autobiográficos. Nessa dinâmica há textos publicados como contos que, na verdade, originaram-se de crônicas. Essa espécie de ciranda literária revela um sistema de interação errática que diz muito sobre o método de composição do autor. Pela continuidade temática que apresentam, tais textos propiciam elos na obra rebeliana como forma de ensaio ou preparação para a escrita de *O espelho partido*. A título de exemplo podemos citar *en passant* personagens oriundas das páginas de *Oscarina* (1931) e *Marafa* (1935), *A estrela sobe* (1939), como o cabo Gilabert, o comerciante Sebas e a cantora Leniza Máier, respectivamente. Ainda que ocupem lugar secundário na trilogia, tais personagens são recuperadas por Eduardo e estão longe de definirem-se como formas prontas e acabadas, pois fornecem, antes de tudo, efeitos especulares aos leitores.

Desse ponto de vista, *O espelho partido* é a elaboração prismática da obra rebeliana, na medida em que abarca os contextos político e internacional, além de estender a espacialidade à classe média carioca, ampliando o ambiente suburbano focalizado nas obras anteriores.

Eduardo revê sua própria história, estendendo ao leitor suas confidências, insatisfações e ironias: "Que sabemos de nossas reações? Que espelho nos põe nus? Será que a minha pusilanimidade se disfarça em pregas de inconsciente, mas calculada incompreensão?" (Rebelo, 2002, p. 34).

Dos cacos que restam desse espelho partido, cabe ressaltar a presença das figuras femininas, as quais ele revisita pela memória a partir de sentimentos mistos, como amor, afeto, indiferença, ódio, curiosidade etc. A lembrança das mulheres exerce na trilogia um papel decisivo, que justifica sobremaneira a epígrafe de George Moore (1852-1933), sugerida pela personagem Catarina e repetida obsessivamente nos três tomos: "A memória de todo homem é um espelho de mulheres mortas". A propósito, em cada um dos três tomos a epígrafe de Moore surge acompanhada por epígrafes que trazem o motivo do espelho em versos de Raul de Leoni (1895-1926), Lêdo Ivo (1924-2012) e Olavo Bilac (1865-1918). Tais epígrafes parecem ter uma espécie de dupla chave ou função, qual seja, esclarecer e antecipar o texto, ao mesmo tempo que criam enigmas para os leitores. Por isso mesmo, a leitura da trilogia é um permanente desafio, apontando para várias direções, como um traçado que se abre em múltiplas veredas, com idas e vindas em volutas e caleidoscópicas.

As mulheres formam um conjunto vertiginoso que dá corpo e força ao relato de Eduardo. Suas caracterizações psicológicas e sociais denunciam as relações escriturais de retomada, visto que viabilizam uma espécie de mosaico textual, marcado pela pluralidade de uma escrita nômade, descentralizada. Sem terem necessariamente uma ordem de aparição, essas personagens são evocadas por Eduardo e encerram em si mesmas efeitos de segmentação ao mesmo tempo que criam continuidades que acabam integrando o relato, funcionando como uma linha divisória e, paradoxalmente, como uma espécie de linha de continuidade.

A essa ciranda de personagens devemos acrescentar algumas mulheres de obras precedentes cujas figurações antecipam a natureza das personagens de *O espelho partido*: "Não faltam no romance personagens que retomam temas das obras anteriores de Rebelo" (Frungillo, 2001, p. 13).

Com efeito, *O espelho partido* é a narrativa de fôlego que condensa e remata toda a obra de Marques Rebelo pelos temas, espaços e personagens mobilizados. A partir dessa trilogia, acreditamos ser possível compreender o cosmo especular organizado em torno das personagens femininas: "[...] o leitor pode ser levado a pensar que todas as obras do autor confluem para esta última, e que todos os seus livros anteriores foram uma espécie de ensaio para a composição deste romance caudaloso" (Frungillo, 2001, p. 80). Assim, partimos das personagens femininas de *O espelho partido*, a fim de analisarmos a presença delas em obras anteriores.

Constituindo um momento privilegiado na obra rebeliana, a trilogia revela-se como a culminância de um problema temático-formal obsessivamente abordado, qual seja, a questão da figuração feminina. De maneira decisiva, à problemática feminina estão vinculados os principais aspectos da obra do autor. Nesse sentido, este livro enfatiza a investigação da personagem feminina de Marques Rebelo e sua construção especular.

Sob esse ponto de vista, acreditamos que a leitura analítico-descritiva e analítico-interpretativa de *O espelho partido* enseja o diálogo e o resgate de personagens femininas de obras anteriores ao mesmo tempo que viabiliza um estudo dos valores estéticos e sociais que caracterizam o projeto literário rebeliano.

Com tais premissas e em função das exigências contidas na própria obra de Marques Rebelo, notamos a especularidade contida na caracterização das mulheres, o que condiz com o processo narrativo mediado pelo procedimento estrutural da *mise en abyme* que desvela os artifícios do texto rebeliano, de modo a demarcar a linguagem que volta especularmente sobre si mesma. O caráter de mosaico presente em *O espelho partido* possibilita o desenvolvimento deste estudo com base nos conceitos formulados pelo teórico suíço Lucien Dallenbach (2001, 1990, 1977, 1979, 1972), entre outros estudiosos, em torno da *mise en abyme*.

Apesar de a fortuna crítica atual sobre o tema da *mise en abyme* enveredar por diferentes caminhos, pode-se dizer que o estudo publicado em 1977, *Le récit spéculaire*, de Dallenbach, constitui, até o momento, o trabalho incontornável e de maior fôlego sobre o assunto. O teórico lança mão de um ensaio diacrônico, que permite colocar em evidência a evolução da *mise en abyme* dos anos 50 aos anos 70 do século XX. Trata-se de uma pesquisa sistemática e operatória, dividida em três partes, compreendendo, respectivamente, a gênese do conceito, a tipologia da narrativa especular e o estudo diacrônico das narrativas do *nouveau roman* francês, as quais elucidam o conceito.

Certo é que localizado nos estudos de intertextualidade, o fenômeno da *mise en abyme* pauta-se no trabalho de resgate de textos de um mesmo autor, reescrevendo-se em outro texto, no movimento de remissão à própria obra, dando origem à chamada autotextualidade ou intratextualidade.

Historicamente, é importante resgatarmos o colóquio consagrado à obra do escritor francês Claude Simon (1913-2005), ocorrido em julho de 1974, no Centro Cultural de Cerisy-la-Salle, na Normandia, e idealizado por Jean Ricardou.[2] Nesse evento, Ricardou determina a "intertextualidade geral", caracterizada como as relações intertextuais entre textos de autores diferentes, e a "intertextualidade restrita", demarcada pelas relações entre textos de um mesmo autor. A partir da distinção postulada por Ricardou, Lucien Dallenbach admite a existência da chamada "intertextualidade autárquica", designando-a por "autotextualidade", como fez Gérard Genette (1982). Em seguida, o teórico inicia a discussão a respeito da *mise en abyme*,

---

[2] As conferências desse colóquio foram reunidas no volume *Claude Simon:* analyse, théorie. Paris: Éditions U.G.E. (10/18), 1975 e reeditadas na década de 80 como **Lire Claude Simon: textes réunis par Jean Ricardou. Paris: Les Impressions Nouvelles, 1986. Do conjunto dessas conferências, ressaltamos** "Mise en abyme et redoublement spéculaire chez Claude Simon", de Lucien Dallenbach, estudo ampliado posteriormente no livro *Claude Simon*, publicado pela primeira vez em outubro de 1988. A obra é fruto do encontro entre o teórico e o escritor durante uma semana em Nova York, no outono de 1982. (Cf. DALLENBACH, Lucien. *Claude Simon*. Paris: Seuil, 1988. Col. Les Contemporains). Posteriormente, em setembro de 2013, o livro teve uma segunda edição, com o título de *Claude Simon à New York*, publicado na Suíça por Éditions Zoé, Carouge-Genève.

procedimento que concebe como "autotexto particular" (Dallenbach, 1979, p. 53), retomando a entrada de 1893 do *Diário* de André Gide (1869-1951).[3]

A imagem *en abyme* que chama a atenção de Gide é oriunda da heráldica e representa um escudo contendo em seu centro uma espécie de miniatura de si mesmo, de modo a indicar um processo de profundidade e infinito, o que parece sugerir, no campo literário, noções de reflexo, espelhamento:

> Gosto que em uma obra de arte se encontre assim transposto, à escala dos personagens, o pano de fundo desta obra. Nada o esclarece melhor nem estabelece mais seguramente todas as proporções do conjunto. Assim, nos quadros de Memling ou de Quentin Metzys, um pequeno espelho convexo e escuro reflete, por sua vez, o interior de um cômodo onde se representa a cena pintada. Assim, no quadro das *Meninas* de Velásquez (mas um pouco diferentemente). Enfim, em literatura, em *Hamlet*, a cena da comédia; e alhures em muitas outras peças. Em *Wilhelm Meister*, as cenas de marionetes ou da festa no castelo. Na *Queda da casa de Usher*, a leitura que se faz à Roderick, etc. Nenhum desses exemplos é justo. O que o seria muito mais, o que diria melhor o que eu quis nos meus *Cahiers*, no meu *Narcisse* e em *La tentative*, é a comparação com esse artifício do brasão que consiste, no primeiro, em colocar um segundo "em abismo". (Gide, 1948, p. 41 *apud* Dallenbach, 1977, p. 15, tradução nossa)[4]

Extraída do *Diário* de André Gide, e datada de 1893, essa famosa passagem já prenuncia a natureza questionadora do conceito ao colocar em

---

[3] No entanto devemos lembrar que a paixão pelo narcisismo e a especularidade já estavam presentes nos horizontes de André Gide quando, dois anos antes, em janeiro de 1891, ele publica, no periódico *Entretiens Politiques et Littéraires*, *O tratado de Narciso*, texto emblemático, em que ressignifica o famoso mito ao retomar a figura bíblica de Adão e introduzir um elemento de tradição nórdica, a árvore Ygdrasil. De extensão modesta, a obra desenvolve uma estética derivada do Simbolismo, daí o subtítulo *Teoria do símbolo*. Em linhas gerais, o tratado conjuga teoria e prosa poética, aprofundando uma perspectiva sobre a arte e a existência humana a partir do mito de Narciso. Ao mirar-se na frágil imagem, o personagem, maravilhado com sua beleza, decide pela contemplação de si mesmo, pela inércia de não se afastar, até poder atingir o ser completo. Cf. GIDE, A. *O tratado de Narciso. In:* GIDE, A. *A volta do filho pródigo.* Tradução de Ivo Barroso. Rio de Janeiro: Nova Fronteira, 1984.

[4] Trecho original: *"J'aime assez qu'en une œuvre d'art on retrouve ainsi transposé, à l'échelle des personnages, le sujet même de cette œuvre. Rien ne l'éclaire mieux et n'établit plus sûrement toutes les proportions de l'ensemble. Ainsi, dans tels tableaux de Memling ou de Quentin Metzys, un petit miroir convexe et sombre reflète, à son tour, l'intérieur de la pièce où se joue la scène peinte. Ainsi, dans le tableau des Ménines de Velasquez (mais un peu différemment). Enfin, en littérature, dans Hamlet, la scène de la comédie; et ailleurs dans bien d'autres pièces. Dans Wilhelm Meister, les scènes de marionnettes ou de fête au château. Dans La chute de la maison Usher, la lecture que l'on fait à Roderick, etc. Aucun de ces exemples n'est absolument juste. Ce qui le serait beaucoup plus, ce qui dirait mieux ce que j'ai voulu dans mes 'Cahiers, dans mon 'Narcisse' et dans La tentative, c'est la comparaison avec ce procédé du blason qui consiste, dans le premier, à en mettre un second 'en abyme"* (gide, 1948, p. 41 apud Dallenbach, 1977, p. 15).

xeque a metáfora formulada por Gide em analogia com a heráldica. Segundo os heraldistas, o escudo é o elemento central do brasão; é nele que estão contidos os caracteres distintivos.[5] O termo *abyme*, por sua vez, alude ao centro do escudo, quando as peças aí inseridas portam dimensões menores, revelando um espaço de miniaturização de figuras, configuração que levou Gide a perfilhar por analogia o procedimento do encaixe narrativo.

Todos os exemplos literários apresentados por Gide deixam transparecer "uma dobra dentro da narrativa principal, na forma de uma segunda narrativa presente no texto, ou de uma forma desenvolvida, ou de maneira apenas alusiva" (Souza, 2004, p. 83). Assim, mostra-se variável a relação entre a narrativa principal e a secundária. Na obra de Goethe, por exemplo, não há propriamente uma segunda narrativa, mas a presença de um texto diferente da narrativa principal, preenchido por comentários. Tal estratégia introduz, por meio do discurso indireto, uma segunda cena dentro da narrativa principal, "abrindo nela uma espécie de janela, da qual se fala, sem que seja mostrada diretamente" (Souza, 2004, p. 84).

Em *Hamlet*, por sua vez, a peça dentro da peça permite a introdução de uma cena temporalmente anterior à da peça principal, revelando uma cena oculta, cujos limites entre realidade e ficção são fortemente delimitados. Já em *A queda da casa de Usher* temos duas narrativas que se conectam, favorecendo a confusão entre realidade e ficção. Tais casos mencionados no *Diário* gidiano revelam, nos artifícios da composição *en abyme*, uma fratura ou quebra na diegese da narrativa principal.

Ademais, é válido lembrar que, a rigor, Gide jamais utilizou a expressão *mise en abyme*. Na história da crítica, o termo foi forjado pela primeira vez na década de 1950 por Claude-Edmonde Magny (1913-1966), pseudônimo de Edmonde Vinel, estudiosa francesa. Em *Histoire du roman français depuis 1918*, Magny recorre ao termo no capítulo intitulado "La mise en abyme ou le chiffre de la transcendance". A partir de então, foi colocado em circulação com expressões concorrentes, tais como "*composition*", "*construction en abyme*" ou, ainda, "*structure en abyme*", como procederam Pierre Lafille e Gérad Genette.

Em uma dezena de páginas, Magny descreve a *mise en abyme* como o efeito estético que dá à obra literária a "impressão de ampliação e aprofundamento, de complexidade indefinida" (Magny, 1971, p. 247). A estudiosa

---

[5] Cf. ZUQUETE, Afonso Eduardo Martins. *Armorial lusitano*: genealogia e heráldica. Lisboa: Editorial Enciclopédia, 1961.

argumenta que o número de interpretações possíveis de um texto aberto pode ser infinito, mobilizando algumas noções matemáticas para a discussão.

Ao processo de reflexão descrito por Gide em 1893, Magny (1971) associa o infinito definido pela possibilidade de correspondência biunívoca entre um conjunto e uma parte específica de si mesmo, aspecto que chama de "critério de Bolzano-Weierstrass". Em linhas gerais, o teorema de Bolzano-Weierstrass estabelece que toda sequência limitada de números reais tem uma subsequência convergente.[6] A propósito, o universo matemático exerce grande admiração na estudiosa, que, posteriormente, refere-se à necessidade de um "axioma do romance".

Magny (1971) compara o teorema de Bolzano-Weierstrass com o modo de escrita utilizado por Aldous Huxley no romance *Point counter point*, publicado em 1928, em que o autor discute a introdução de um personagem romancista em sua narração:

> Mas por que limitar-se a apenas um romancista dentro de seu romance? Por que não um segundo no romance do primeiro? E um terceiro no romance do segundo? E assim por diante, *ad infinitum*, como naqueles comerciais da Quaker Oats em que vemos a imagem de um Quaker segurando uma caixa de aveia, na qual está outro Quaker segurando outra caixa de flocos, sobre a qual, etc. (Huxley, 1954, p. 409, tradução nossa, grifo nosso).[7]

Magny (1971) não se interessa pela *mise en abyme* no campo das imagens, não discutindo os exemplos pictóricos dados por Gide. Nesse sentido, ela apenas compara o processo gidiano ao efeito de uma infinidade de espelhos paralelos. O universo pictórico restringe-se à passagem supracitada de Huxley. Mediante uma forma recursiva, o anúncio da *Quaker Oats* mencionado por Huxley reforça a compreensão da *mise en abyme* como um processo essencialmente ligado ao infinito e, portanto, evasivo. Ignorando o significado técnico da heráldica, a estudiosa ressalta o termo *abyme* associando-o à "vertigem".

---

[6] Cf. ZAHN, Maurício. Sequências e séries (Material de apoio elaborado para a Disciplina "Sequências e séries" do Curso de Graduação em Matemática da Universidade Federal de Pelotas, RS). Pelotas: UFPEL, 2017. (disponível em https://wp.ufpel.edu.br/zahn/. Acesso em: 19 set. 2023).

[7] Trecho original: *"Mais pourquoi s'en tenir à un seul romancier à l'intérieur de votre roman ? Pourquoi pas un second dans le roman du premier ? Et un troisième dans leroman du second ? Et atnsi de suite à l'infini, comme dans ces publicités pour les Quaker Oats sur lesquelles on voit l'image d'un Quaker tenant uneboîte de flocons d'avoine, sur laquelle se trouve celle d'un autre quaker tenant une autre boîte de flocons, sur laquelle, etc"* (Huxley, 1954, p. 409).

Ademais, desde a década de 1950, quando grande parte dos *nouveaux romanciers* escolheram a técnica da *mise en abyme* como predileção, ela ganhou notoriedade crítica mostrando-se elástica nas pesquisas em torno da reflexividade. As implicações dessa lógica poética podem ser observadas no processo de produção por analogia observado até mesmo nas fases posteriores do *nouveau roman*. O desejo dos romancistas de usar a *mise en abyme* levou gradualmente a uma expansão de seu campo e a uma generalização de sua aplicação. O processo rendeu-se à intensa valorização do procedimento, como podemos notar no conjunto de exemplos lembrados por Constantin Toulodis:

> Em *Le Voyeur*, de Robbe-Grillet, anunciando a cena do estupro e a natureza da culpa de Mathias, um pôster de filme retrata uma cena de violência – um homem estrangulando uma jovem, esta ajoelhada ao lado de uma boneca rasgada. O romance que A começou a ler, em *La Jalousie*, e que trata de um marido ciumento e uma esposa infiel, esboça uma situação paralela à da história central do livro de Robbe-Grillet, envolvendo a própria A e aludida pelo título do livro. Também em *Dans Le Labyrinthe*, de Robbe-Grillet, uma gravura é descrita como representando um lugar e uma situação idêntica ou análoga a da cena do café, tornando-se esta última o ponto onde conduzem todos os 'fios de Ariadne'. Em *La Route Des Flandres*, de Claude Simon, o 'fissurado' retrato do ancestral do capitão Reixach conta uma história que parece duplicar a do próprio Reixach; em seu *L'Herbe*, a tampa da lata de biscoitos - tão importante como um todo e como 'metáfora estrutural' - é decorada por uma mulher vestida de branco que segura uma caixa idêntica em sua mão e está deitada na grama, metaforizando assim um aspecto importante do romance, através de uma espécie de fissão contínua do padrão de repetição focal. Em *Passage de Milan*, de Butor, a tela pintada por DeVere, durante a fatídica festa no quarto andar, pressagia eventos futuros e, como tal, representa uma metáfora para a 'passagem', processo do qual trata todo o livro; em seu *L'Emploi Du Temps*, romance policial lido por Revel (*The murder of Bleston*), as tapeçarias no museu, os vitrais na catedral podem ser percebidos como veículos para o dispositivo, uma vez que são reflexos um do outro e, ao mesmo tempo, reflexos dos principais aspectos da história. Da mesma forma, em *La Mise En Scène*, de Claude Ollier, as intrigantes representações nas gravuras rupestres tornam-se alusões aos gestos agressivos e à história de assassinato que

é outro componente importante deste romance. (Toulodis, 1983, p. 30, tradução nossa)[8].

Como se vê, os artifícios utilizados para a efetivação da *mise en abyme* (retratos, tapeçarias, vitrais, pinturas, gravuras etc.) revelam em detalhes uma variedade de modelos reduzidos da própria história. Desse modo, o campo semântico de uma sequência narrativa pode ser comprimido ou dilatado, permitindo a duplicação por meio da conversão para outra escala. A ficção é assim entendida como o resultado dos efeitos integrados da história e de seus duplos.

Não é demais lembrarmos que a presença da *mise en abyme* é identificada desde os primórdios da história literária. Para ficarmos no terreno da tradição, podemos pensar, por exemplo, nas obras poéticas de Homero, no canto XIV da *Odisseia*, quando a narrativa interna que reflete a história moldura do poema mostra-nos Odisseu construindo com maestria sua própria narrativa. Ou, ainda, no canto VI da *Ilíada*, no momento em que a poesia encontra-se consigo mesma, revelando o traço autorreferente no diálogo antecipatório de Helena com Heitor: "Sobre nós fez Zeus abater um destino doloroso, para que no futuro/sejamos tema de canto para homens ainda por nascer" (Homero, 2007, p. 357-358).

Cada prática da *mise en abyme* tem, portanto, um valor e uma beleza próprios, dependendo do período em que é produzida a obra literária. Com base nessa observação, cabe à crítica identificar e especificar os fenômenos que estão na origem dessas particularidades.

---

[8] Trecho original: "*In Robbe-Grillet's Le Voyeur, announcing the rape scene and the nature of Mathias's guilt, a movie poster depicts a scene of violence –a man strangling a young girl, the latter kneeling beside a doll that was ripped. The novel that A began to read, in La Jalousie, and which is about a jealous husband and an unfaithful wife, sketches a situation which parallels that of the story central to Robbe-Grillet's book, involving A herself and alluded to by the book's title. Also in Robbe-Grillet's Dans Le Labyrinthe, an engraving is described as depicting a place and a situation identical or analogous to those of the scene in the café, the latter becoming the point where all the "threads of Ariadne" lead. In Claude Simon's La Route des Flandres, the "fissured" portrait of Captain Reixach's ancestor tells a story that seems to duplicate that of Reixach himself; in his L'Herbe, the lid of the cookie tin—so important as a whole and as a "structural metaphor" – is decorated by a woman dressed in white who holds na identical box in her hand and is lying in the grass, thus metaphorizing a major aspect of the novel, through a sort of continuous fission of the focal repetition pattern. In Butor's Passage De Milan, the canvas being painted by DeVere, during the fateful party on the fourth floor, is presaging coming events, and as such stands as a metaphor for "passage", "the process that the entire book is all about; in his L'Emploi Du temps, a detective novel being read by Revel (The Murder of Bleston), tapestries in the museum, stained-glass windows in the cathedral can all be perceived as vehicles for the device, since they are reflections of one another and at the same time reflections of the major aspects of the story. Similarly, in Claude Ollier's La Mise En Scène, the intriguing representations in rupestral engravings become allusions to aggressive gestures and to the murder story which is another major component of this novel*" (Toulodis, 1983, p. 30).

Para fins de exemplificação da *mise en abyme*, Dallenbach (1977) recorre à comparação com as bonecas russas ou *matrioskas* e as caixas chinesas, as quais se engendram umas às outras, bem como às pirâmides mexicanas, que se encaixam e refletem-se mutuamente, aos cartazes publicitários, que reproduzem seus motivos ao infinito e em perspectiva, e à famosa "Banda de Moebius", cujas faces interna e externa permutam-se, invertendo sua identidade.

Nessa gama comparativa, o teórico ainda atenta para a "monadologia" do filósofo Gottfried Leibniz (1646-1716), já apontada nas formulações de Magny (1950, p. 270-273 *apud* Dallenbach, 1977, p. 35, tradução nossa):[9] "impressão leibniziana de uma série de mundos encaixados uns nos outros, vertiginosamente repercutidos", mas também – em outro sentido – mônada e macrocosmo-microcosmo". Cada substância, afirma Leibniz (2016), envolve em seu estado presente todos os seus estados passados e futuros e até mesmo expressa todo o universo, de acordo com o seu ponto de vista:

> Ora, esta ligação ou este acomodamento de todas as coisas criadas a cada uma e de cada uma a todas as outras, faz com que cada substância simples tenha relações (*rapports*) que exprimem todas as outras e que ela seja, por conseguinte, um espelho vivo perpétuo do universo. (Leibniz, 2016, p. 54, grifo nosso).

Embora não seja o objetivo deste livro e de não caber aqui um aprofundamento de questões filosóficas, é possível, ainda, *en passant*, ligarmos a noção das principais ideias leibnizianas com os propósitos da *mise en abyme*.

Ocorre que a partir da obra de André Gide, Dallenbach (1977, p. 18, tradução nossa) formula uma definição inicial para *mise en abyme*: "é *mise en abyme* todo enclave que mantenha uma relação de semelhança com a obra que o contém".[10] Pelo foco no termo "enclave", essa breve definição dá margem ao problema que perpassa o conceito, já que o reduz às noções simplistas de encaixe. Fato é que durante muito tempo a crítica literária voltou-se apenas a esse aspecto, ou seja, à definição de *mise en abyme* como técnica exemplar de narrativas encaixadas, não se atentando para as demais possibilidades.

---

[9] Trecho original: "*impression leibnizienne d'une série de mondes emboîtés les uns dans les autres, vertigineusement répercutés, mais aussi – dans un tout autre sens – monade et macrocosme-microcosme*" (Magny, 1950, p. 270-273 *apud* Dallenbach, 1977, p. 35).

[10] Trecho original: "*est mise en abyme toute enclave entretenant une relation de similitude avec l'ouvre qui la contient*" (Dallenbach, 1977, p. 18).

O próprio Dallenbach reconhece a limitação dessa noção inicial, dando atenção para as conexões presentes na tipologia tripartite do conceito. O estudioso salienta que o procedimento visa agrupar, por vezes, um conjunto de realidades distintas, resumido por meio de três figuras essenciais segundo o tipo de reflexão/reduplicação estabelecido: reflexão simples,[11] infinita[12] e aporética.[13]

O primeiro tipo (reflexão simples) aborda o fragmento que mantém com a obra, que inclui uma relação de semelhança (como ocorre com a famosa cena do teatro em *Hamlet*, de Shakespeare); o segundo (reflexão infinita) traz um fragmento ou sequência que apresenta relação de semelhança com a obra que o contém, sendo que esse, por sua vez, produz ou contém uma relação de semelhança com outra obra que o contém, e assim por diante, como se dá em *As mil e uma noites*, com os contos infinitos de Sherazade; o terceiro e último (reflexão aporética) define-se pela obra, fragmento ou sequência que se supõe que inclua a obra que realmente a inclui primeiro, como em *Lo fingido verdadero*, de Lope de Vega e *La vida es sueno*, de Calderón De La Barca.

Em outras palavras, o primeiro tipo caracteriza-se por uma obra idêntica à obra em que se insere; o segundo, por sua vez, constitui-se por uma obra semelhante à obra que a envolve; e, por fim, o terceiro, por um amálgama entre as várias obras que se inserem umas dentro das outras, chegando a confundir o leitor, partícipe do abismo que se constrói.

Segundo o estudioso, os três modos descritos não deixam de remeter um ao outro, revelando a tomada de posicionamentos críticos e estéticos, além de problematizarem a construção romanesca associada à metáfora do espelho: "Na medida em que essas três reduplicações podem todas, em certo sentido, se reportar a uma outra modalidade da reflexão especular, explica-se o valor emblemático do qual o espelho se encontra investido em grande número de críticas" (Dallenbach, 1977, p. 51, tradução nossa).[14] Assim, o teórico conclui que a noção que inicialmente remetia para a ideia de obra dentro da obra não pode agora ser definida exclusivamente como

---

[11] Do francês, *réduplication simple*.
[12] Do francês, *réduplication à l'infini*.
[13] Do francês, *réduplication aporistique*.
[14] Trecho original: "*Dans la mesure où ces trois réduplications peuvent toutes, en un certain sens, se rapporter à l'une ou l'autre modalité de la réflexion spéculaire, on s'explique la valeur emblématique et unifiante dont le miroir se trouve investi chez nombre de critiques*" (Dallenbach, 1977, p. 51).

uma "duplicação interior" (Dallenbach, 1977, p. 51, tradução nossa),[15] pois o conceito manifesta-se muito mais complexo.

Ainda que o tríptico não contemple todas as possibilidades que rondam a *mise en abyme*, serve para trazer uma questão essencial, qual seja, o ponto de inflexão da formulação dallenbachiana, bem como a complexidade do assunto. A partir daí, o estudioso elabora a ampliação do entendimento do conceito por meio da aproximação com o tema do abismo, contido na própria etimologia do termo, chegando ao que chama de "*mise en abyme* transcendental":

> Em razão de sua aptidão para revelar o que parece transcender o texto ao interior de si próprio e de refletir a partir do princípio da narrativa, aquilo que ao mesmo tempo a origina, finaliza-a, funda-a, unifica-a e fixa suas condições a priori de possibilidade, esta nova *mise en abyme* parece figurar em nosso repertório sob o nome de *mise en abyme* transcendental. (Dallenbach, 1977, p. 131, tradução nossa).[16]

Essa definição encerra o problema presente no entendimento do conceito em suas origens. Como se vê, a passagem emblemática do *Diário* de Gide, contempla apenas uma simples reflexão de encaixamento em referência ao brasão. Se pela sua etimologia a *mise en abyme* apela à vertigem do abismo, a dimensão ontológica possível só parece revelar-se ao nível da transgressão operada em seu funcionamento. Afirma Dallenbach, "determinando por definição as condições de possibilidade da narrativa, a *mise en abyme* transcendental só pode afirmar a legalidade subterrânea" (1977, p. 138, tradução nossa).[17]

Sem nos aprofundarmos por ora nessas questões, podemos dizer que é justamente dessas posições que a trilogia de *O espelho partido*, de Marques Rebelo, alimenta-se, de modo a transcender a forma e a escrita de um simples diário, com aspectos subterrâneos que se movem e deslocam-se permanentemente ao longo do texto e na obras precedentes. Tais aspectos dão lugar aos vários tempos da experiência do narrador Eduardo, os quais se entrecruzam em diferentes intensidades.

---

[15] "*duplication intérieure*" (Dallenbach, 1977, p. 51).

[16] Trecho original: "*En raison de son aptitude à révéler ce qui transcende, semble-t-il, le texte à l'intérieur de lui-même et de réfléchir, au principe du récit, ce qui tout à la fois l'origine, le finalise, le fonde, l'unifie et en fixe les conditions a priori de possibilité, cette nouvelle mise en abyme nous a paru devoir figurer à notre répertoire sous le nom de mise en abyme transcendantale*" (Dallenbach, 1977, p. 131).

[17] Trecho original: "[...] *déterminant para définition les conditions de possibilité du récit, la mise en abyme transcendentale ne peut qu'en énoncer la legalité souterraine*" (Dallenbach, 1977, p. 138).

O ponto nevrálgico dessa construção encontra-se nas personagens femininas da trilogia, resgatadas especularmente de obras anteriores do autor. Ofegante e entrecortada, a narrativa forma-se a partir do relato de Eduardo, um sujeito que constantemente depõe-se de suas posições e vai cedendo lugar a outro, que, por sinal, é o mesmo, num jogo de espelhos que se superpõem e neutralizam-se, e no qual é possível distinguir várias camadas expressivas. São oscilações entre posições que dão margem ora a uma fala que está colada à cena, ora que está distanciada em relação a ela, como se pode notar na passagem a seguir:

> Telefonei para Maria Berlini, depois de hesitar muito. Não a encontrei em casa. Tornei a telefonar, e também não. Deixei recado com dona Eponina e Maria me chamou:
>
> — Como vai? Pensei que tinha se esquecido de mim.
>
> — Você é uma pessoa que a gente nunca esquece.
>
> — Mentira, mas obrigada.
>
> — Não é mentira. Eu não minto.
>
> — Mentir às vezes até que é bom... Fui direto ao assunto:
>
> — Você hoje tem compromisso? Ela entendeu:
>
> — Infelizmente tenho. Você queria vir cá?
>
> — Sim. Pensava convidá-la para dar uma voltinha.
>
> — É pena, mas hoje é impossível. Já me comprometi. Mas amanhã estou às suas ordens. Serve?
>
> — Se é assim, que posso fazer? Amanhã telefonarei. Desculpe.
>
> — Não é preciso ficar murcho. Que bobagem é essa de desculpa? Telefone mesmo. Telefone cedo. Ficarei à sua espera. Não combinarei nada antes do seu telefonema.
>
> — Está bem. Telefonarei cedo. Até amanhã.
>
> Pousei o fone e senti que não estava bem. Provei uma espécie de despeito, de malogro, de decepção. Arquitetara o encontro um bom par de dias, adiava o convite sempre, temendo não

> ser atendido e, quando me decidira, fora tudo por água abaixo, e as palavras camaradas que ela dissera não seriam mais que uma maneira amável de ficar livre de um pretendente sem futuro. E no outro dia, de raiva, não telefonei. Acabado o jantar, passei em casa de Tatá e marchamos, como andava sendo praxe, para o chalé das Sampaios. (Rebelo, 2009, p. 22).

Nesse contexto, a "*mise en abyme* transcendental" aponta para os limites do conceito, que deixa de ser considerado exclusivamente dentro de um enquadramento narrativo, mas numa abordagem mais pragmática, permitindo, pela reflexividade em ricochete, uma espécie de tensão entre o todo e suas partes. Certamente, a técnica é suscetível de conter e de ilustrar uma visão particular da criação literária, marcando um ponto crucial do processo narrativo: "Ela [a *mise en abyme*] introduz um novo elemento textual, que, por reflexão, põe em causa a unidade do todo" (Raus, 2008, p. 94, tradução nossa).[18]

Sem descartar ou negar a importância do estudo de Dallenbach e do trecho do *Diário* de Gide, ressaltamos que a *mise en abyme*, conforme mostraremos com este livro, não tem somente a significação de obra encaixada na obra, uma vez que a literatura especular ultrapassa em larga escala a questão técnica, revelando-se artificiosamente mais engenhosa. O discurso sobre o discurso pode ser expresso de diferentes maneiras. Primeiramente, por uma manifestação mais óbvia, com o comentário aberto e já crítico do escritor sobre sua obra ou a de seus pares. Porém, a *mise en abyme*, com o seu alto teor de reflexividade, pode também se exprimir de forma mais discreta, na escala dos personagens ou do narrador, assumindo um valor implícito de comentário, por vezes oculto, atrás de um enunciado ou de uma cadeia de enunciados distribuídos numa obra, constituindo um elo por si só. Dessa forma, qualquer fragmento metadiscursivo tem um duplo valor: o de comentário, que o define e que lhe é intrínseco, e o puramente poético, que se aplica a sua integração no esforço demiúrgico da palavra que realiza a obra literária. Portanto resta a inegável constatação de que toda prática literária é pensada ao mesmo tempo que é criada.

Por isso a opção de levar em consideração outras dimensões do fenômeno, que o estudo de Dallenbach não exclui, mas também não especifica com precisão. A concepção aqui defendida aproxima-se daquelas evocadas

---

[18] Trecho original: "*Elle introduit un nouvel élément textuel qui, par réflexion, met en cause l'unité de l'ensemble*" (Raus, 2008, p. 94).

por pesquisas mais recentes,[19] em que a *mise en abyme* enquanto narrativa especular revela-se como uma grande metáfora para designar uma infinidade de cenários, em que elementos internos à ficção refletem-na como tal, remetendo às suas condições de elaboração e recepção, tanto para seu autor quanto para seus leitores, representados em graus variados pelos personagens, narradores e matéria narrativa. Nessa dinâmica, consideramos a apreensão em retrovisor da obra rebeliana, atentando para a construção e para o resgate das personagens femininas de *O espelho partido* em obras anteriores, bem como para a presença do autor *en abyme*, encarnado na figura do narrador e escritor Eduardo.

Assim, tomamos a famosa passagem do *Diário* de Gide como uma pedra de toque para reflexões que tentarão elucidar uma série de práticas especulares da literatura rebeliana, as quais vão além do quadro de encaixamento.

Na base do procedimento narrativo da *mise en abyme* está a especularidade, que se faz pela repetição de temas e motivos obsessivos. O texto inclina-se sobre si mesmo, reflete acerca de seu funcionamento, jogando com as mediações de enunciado, enunciação e código. A técnica da *mise en abyme* não se relaciona, portanto, somente com o nível do narrador ou dos personagens, mas também ao nível da relação escritor-escrita.

O entendimento do vocábulo perpassa, na escala de personagens da obra literária, o redobramento do próprio sujeito da narrativa, num movimento reflexivo, conforme lembra Dallenbach: "O que primeiro cabe evidenciar, é que a obra de arte reflexiva é uma representação – e uma representação dotada dum grande poder de coesão interna" (1979, p. 67-68).

Tal formulação permite-nos pensar acerca de dois aspectos muito presentes em *O espelho partido*, quais sejam, a representação de personagens femininas, que retorna de modo obsessivo; e o diário que o escritor Eduardo escreve, motivado pelas lembranças em torno das mulheres. Nesse sentido, ambos os aspectos citados mostram-se interligados.

Eduardo se compraz com o desejo de escrever um livro ao mesmo tempo que resiste a ele como a um impasse:

> Escrever é também uma paciência, paciência sem cartas. Anda, escreve, mão delicada, pequenina, insatisfeita! Que importa se o produto não tenha imediato consumo nos

---

[19] Tonia Raus (2019, 2008), Gian Maria Tore (2019, 2013), entre outros estudiosos que constituem o corpo docente da *Université* du Luxembourg, local em que atualmente os estudos sobre *mise en abyme* encontram-se mais desenvolvidos.

balcões de livraria! O tempo é balcão de uma livraria maior (o espelho sorri) – avante! (Rebelo, 2009, p. 576).

Com efeito, um dos paradigmas mais salientes da modernidade continua a ser a desmistificação da criação que ela põe em debate, o que induz a um questionamento das estruturas próprias de cada forma. Isso resulta em um importante trabalho de reflexão sobre o que fundamenta a estética do tempo. Tais elementos são suficientes para justificar uma perspectiva de interpretação da trilogia de Marques Rebelo que leve em consideração o aspecto fragmentário e a autorreferencialidade da obra literária.

Em clássica análise sobre os paradoxos que movem a modernidade, Antoine Compagnon (2010) sustentou que a reflexividade ou a circularidade da obra artística exige do artista e de seu público uma consciência crítica. O ponto central de seu argumento está em reconhecer a autonomia, espécie de "dobra crítica", como um dos traços determinantes da modernidade, a partir da leitura que faz da visão de Charles Baudelaire (1821-1867) em torno da pintura de Constantin Guys (1802-1892). Na esteira de Roland Barthes, Compagnon chega ao conceito de "autonímia", processo essencial da tradição moderna, definido como "o estrabismo inquietante de uma operação em caracol" (Compagnon, 2010, p. 30), que não reconhece nenhuma exterioridade em relação à própria arte ou ao próprio código.

Assim, a partir de Baudelaire, as funções poética e crítica entrelaçam-se, cristalizando-se no aspecto *self-consciouness* que o artista deve apresentar de sua arte. No entanto o argumento de Compagnon deve ser lido com certa ressalva em relação à obra rebeliana, pois não deve ser tomado *ipsis litteris* no sentido da totalidade autorreferencial, mas em função de uma tendência da literatura moderna a incorporar a reflexão a respeito do processo narrativo ao questionar a pretensa autonomia do universo ficcional.

Ademais, Marques Rebelo inclui na trilogia preocupações que adentram a exterioridade de seu tempo, envolvendo as políticas brasileira e internacional, os impasses literários, além de colocar à prova questões sociais e de gênero presentes na sociedade carioca da época. Com efeito, os impasses políticos podem ser vistos em inúmeras passagens da trilogia, como a destacada a seguir:

> [...] Getúlio falando aos brasileiros, na noite de São Silvestre, anatematiza o comunismo, 'que se alicerçando no conceito materialista da vida, constitui-se o inimigo mais perigoso da civilização cristã', rememora em cores trágicas a quartelada de

novembro, como se fora a única que o país já vira, e promete perseguir e esmagar a hidra moscovita, porém, o alarmante das suas palavras é que são elas como que o combinado eco das de Hitler, discursando na mesma noite e quase à mesma hora, nas comemorações do terceiro aniversário da tomada do poder pelo seu partido totalitário. (Rebelo, 2002, p. 21).

Como explica Mário Frungillo, *O espelho partido* é o "romance de um tempo de crise" (2001, p. 88), não somente por relatar uma época abundantemente atravessada por grandes impasses e mudanças nos cenários político brasileiro e internacional, mas, sobretudo, por entrelaçar a memória individual de Eduardo com a memória social. Conjugam-se, assim, tanto a perspectiva individual quanto a social, indicativa da comunidade na qual o personagem faz parte. Pode-se dizer que Marques Rebelo orienta a experiência de Eduardo numa espécie de lacuna entre passado e futuro, num tempo em que "a memória do passado pode se confundir com o testemunho do fim de uma época, e a expectativa do futuro é um olhar para um enigma esfíngico, cuja decifração pode significar a diferença entre a vida e a morte" (Frungillo, 2001, p. 92-93).

As questões política e social aí presentes dão margem ao alto teor de reflexividade presente no procedimento narrativo da *mise en abyme*, que deve ser captado com o auxílio de ferramentas sócio-críticas da obra literária. Mais do que um espelho, há na *mise en abyme* uma espécie de caleidoscópio ou fractal que fornece, à luz de diferentes ângulos, pela sua reduplicação, não somente o encaixe narrativo presente, mas também a atualidade contemporânea, social e artística da obra literária. Desse modo, Véronique Labeille (2011, p. 104, tradução nossa) amplia a visão dallenbachiana ao propor a imagem de um prisma em substituição à do espelho: "Mais ainda, para permanecer na metáfora ótica, propomos a figura do prisma, espelho quebrado, permitindo intervalos entre a imagem e o seu reflexo".[20]

Em outras palavras, para além da simples reflexividade interna ao texto, a *mise en abyme* atua como um jogo de espelhos prismáticos, levando em conta as relações do texto e da linguagem com a sociedade de seu tempo: "O espelho supõe também o que não se vê: a ausência. E mesmo assim, são também as ausências, ou notavelmente as dissonâncias, que questionam o texto e nutrem a leitura em abismo que se pode dar à narrativa" (Labeille,

---

[20] Trecho original: *"Mais plus encore, pour rester dans la métaphore optique, nous proposons la figure du prisme, miroir brisé, permettant des décalages entre l'image et son reflet"* (Labeille, 2011, p. 104).

2011, p. 99, tradução nossa).[21] A reflexividade é considerada, portanto, no âmbito das tensões entre a opacidade de referências verbais que pareceriam transparentes e o enquadramento de experiências sociais.

No mesmo polo podemos considerar as formulações de Dallenbach presentes no estudo *Mosaiques, un objet esthétique à rebondissements*, publicado em 2001. Nele, o teórico, sem se afastar das argumentações que por muito tempo ocuparam seus horizontes, amplia e aprofunda a visada estruturalista dos estudos anteriores, como no clássico *Le récit spéculaire*, de 1977, para estender o fenômeno da *mise en abyme* à sociedade como um todo, articulando-o à metáfora prismática e fragmentária do mosaico. O livro procura mostrar o mosaico como uma figura reveladora de impasses sociais, sendo recorrente e obsessiva na sociedade contemporânea. Para tanto, o autor explora a história da forma mosaico nas artes e na literatura, atentando para a sua tríplice natureza: a incompletude, o destaque dado ao fragmento e a equivalência hierárquica entre os fragmentos.

O estudioso reúne argumentos que atestam o modo como a fragmentação afeta a construção das personagens, resultando em individualidades fragmentadas e fracassadas. Segundo Dallenbach (2001), essa metáfora surgiria nas épocas em que a sociedade percebe-se instável e em processos de crise, refletindo um sinal de fragilidade das ideologias e dos governos. Nesse sentido, é útil estudar o ressurgimento da forma mosaico durante os períodos revolucionários ou ideologicamente turbulentos, como é o caso da época retratada em *O espelho partido*, de Marques Rebelo. No limite, tal teoria procura demonstrar que o estudo da *mise en abyme* surge não mais atrelado a uma forma autárquica de intertextualidade e, sim, ampla e fragmentária, possibilitando dar sentido ao mundo que a cerca.

Portanto a experiência especular abre-se para o mundo na medida em que remete a ficção à realidade, oferecendo muito mais do que um centro de fixação narcisista. Como objeto especular, a *mise en abyme* estabelece uma relação ao mesmo tempo estrutural e hermenêutica com o texto que a acolhe, pois permite uma problematização da representação.

Das observações de Dallenbach (2001) e de Labeille (2011) importa-nos destacar a questão social envolta na dimensão prismática da obra rebeliana, a qual podemos relacionar à presença das figuras femininas dispostas na

---

[21] Trecho original: *"Le miroir suppose aussi ce qu'on ne voit pas: l'absence. Et, pourtant, ce sont aussi les absences, ou notamment les dissemblances, qui questionnent le texte et nourrissent la lecture en abyme qu'on peut donner au récit"* (Labeille, 2011, p. 99).

trilogia. Tais mulheres "convivem em simultaneidade na suspensão do correr do tempo que a memória viva do passado possibilita" (Frungillo, 2001, p. 98).

Ao mobilizar as diversas personagens femininas e retomá-las de obras anteriores, Marques Rebelo amplia as interações e o conflito dramático de *O espelho partido*. Pertencentes a diferentes classes sociais, essas personagens revelam-se aprisionadas e deslocadas em um cotidiano alienante, com caracterizações e abordagens duplicadas a cada episódio ou obra, realçando desde *Oscarina* um traçado que culminaria em *O espelho partido*. Dessa forma, rastrear o texto rebeliano e seus espelhamentos significa, antes de mais nada, percorrer a tentativa de compreensão de um projeto ficcional, aberto, nômade e espelhado.

As mulheres rebelianas apresentam como engrenagem principal de seu funcionamento o jogo entre reproduções imperfeitas, como o ato de montar e desmontar uma *matrioska* ou boneca russa, revelando-se em camadas. Com efeito, as personagens femininas são construídas, ao mesmo tempo, pelo excesso e pela falta, bem como pela marginalidade, e os trajetos percorridos trazem pequenas modificações. Em suas peculiaridades antissociais, toca-lhes ou o destino trágico ou o apagamento social.

O entendimento prismático fornece, pela flexibilidade de suas formas, possibilidades quanto à contemplação de ângulos diferentes, pela duplicação e bifurcação das mulheres aí contidas, tratando-se, assim, da "oscilação do papel da mulher, em função das diferentes situações" (Vidal, 2012, p. 341).[22] Portanto permite-nos observar os diversos conflitos das personagens femininas em diferentes classes sociais, bem como as ocorrências políticas do Brasil e do mundo nas páginas de *O espelho partido*.

Nesse sentido, a *mise en abyme* estabelece uma relação estrutural e hermenêutica com a obra que a acolhe. Em primeiro lugar, surge como estrutura em relação à narrativa que a contém simplesmente porque é a estrutura que lhe confere o significado. No entanto também estabelece uma

---

[22] A citação é parte do artigo *Um conto exemplar*, publicado por Ariovaldo Vidal na revista *Língua e Literatura*. Vidal aborda o conto *Caso de mentira*, da coletânea *Oscarina* (1931). Embora refira-se ao conto em questão, a observação é pertinente para o assunto que estamos tratando, principalmente no que tange à figuração das personagens femininas. Além disso, *Caso de mentira* traz a relação conflituosa entre o narrador e o seu irmão, fato que já prenuncia o desdobramento de um dos conflitos dramáticos de *O espelho partido*, qual seja, a rivalidade entre o narrador Eduardo e o seu irmão Emanuel. Cf. VIDAL, Ariovaldo. Um conto exemplar. *Revista Língua e Literatura*, n. 30, p. 331-340, 2012.

relação interpretativa complexa e ambígua com o texto, pois permite uma problematização da representação:

> O espelho da *mise en abyme* abre-se melhor do que qualquer outra janela sobre o mundo, na medida em que remete constantemente a ficção à realidade, como produção, como objeto do trabalho muito real para onde convergem todos os feixes especulares, todos os desafios do ato de contar histórias no âmbito da sociedade. (Regazzi, 2011, p. 10, tradução nossa).[23]

Ao longo da trilogia, as anotações de Eduardo com relação aos momentos de seu passado e as frequentes alusões às mulheres de sua vida figuram como quadros do momento histórico que se coadunam com movimentos de abstração da realidade representada na narrativa. O recurso adotado por Marques Rebelo, articulando a dupla temporalidade (tempo da história e tempo do discurso), favorece a paridade entre o dilaceramento do narrador e o dilaceramento do mundo, dimensões reciprocamente implicadas em *O espelho partido*. Além disso, a própria noção contida na imagem do "espelho partido" atravessa não só a trilogia, mas toda a obra do autor, apontando para as esferas de inacabamento e fragmentação, próprias de uma literatura caleidoscópica colada ao seu tempo.

A natureza dessas questões pode ser complementada com as formulações de Antonio Candido (1985) quanto à análise social que suscitam. Candido visa determinar o modo como estímulos externos tornam-se parte integrante de realidades internas, estabelecendo a estrutura específica e peculiar da obra literária. Com base nisso, são fixados e operados dois critérios válidos de interpretação. O primeiro é o da chamada "representatividade", em que se estabelecem as ligações entre o autor e sua época e entre o livro e seu tempo. O segundo, de valor intrínseco e ligado ao elemento estético, é voltado às definições da expressão e da construção, levando em conta a organização interna da obra literária.

Nesse sentido, o ato crítico é racionalizado pela dialética, capaz de integrar as contradições que se estabelecem, seja no conteúdo transfigurado na forma, seja na própria forma com que se transfigura e transcende esse mesmo conteúdo, representando pelas experiências social e cultural brasileiras. No ensaio *Literatura de dois gumes*, essa formulação metodológica

---

[23] Trecho original: *"Le miroir de la mise en abyme s'ouvre mieux que toute autre fenêtre sur le monde, en cela qu'il renvoie sans cesse la fiction à son appartenance à la réalité, en tant que production, en tant qu'objet de ce travail bien réel où convergent tous les faisceaux du spéculaire, tous les enjeux de l'acte de récit au sein de la société"* (Regazzi, 2011, p. 10).

é concebida do seguinte modo: "A atitude adotada pode ser definida como sentimento de contrários, isto é: procura ver em cada tendência a componente oposta, de modo a apreender a realidade da maneira mais dinâmica, que é sempre dialética" (Candido, 2006, p. 198).

Portanto vale compreender o processo segundo o qual os elementos condicionantes tornam-se pertinentes ao próprio sistema literário: "O interesse pela funcionalidade leva ao interesse pela estrutura, num sentido diferente dos estruturalistas, pois o que se indaga é como a estrutura se estrutura" (Candido, 2011, p. 4). Assim, a matéria social deve ser lida como parte determinante da obra: "[...] o externo (no caso, o social) importa, não como causa, nem como significado, mas como elemento que desempenha um certo papel na constituição da estrutura, tornando-se, portanto, interno" (Candido, 1985, p. 4).

A observação é preciosa e tem a função de iluminar a empreitada analítica que propomos, ou seja, o trabalho com as figuras femininas presentes na obra rebeliana a partir da trilogia de *O espelho partido* e o resgate delas em obras anteriores sob a perspectiva da *mise en abyme*. Portanto recorremos às dimensões prismática e social da obra literária a fim de entendermos e captarmos a esfera social da narrativa rebeliana, assim como os diferentes papéis a que estão sujeitas as personagens femininas.

A crítica de Antonio Candido exerce a função primordial de ancorar a análise estética ou formal aos elementos sociais, sem que ela nunca perca a dimensão social, como lembra Roberto Schwarz (2009, p. 54): "a relação interna e nunca automática entre literatura e vida social". Desse modo, consideramos a estrutura *en abyme*, além das histórias e contextos pertinentes a cada uma das mulheres espelhadas na trilogia e resgatadas em obras precedentes.

Todos os prolegômenos aqui apresentados, concordamos, só fazem sentido no texto rebeliano. Logo, o presente livro tem como *corpus* a trilogia de *O espelho partido*, de Marques Rebelo, com foco nas personagens femininas espelhadas em obras anteriores do autor, pensando-se, ainda, no contexto em que as narrativas foram escritas e publicadas, conhecendo-se, assim, os aspectos sociais e históricos de então. Conscientes de que as personagens femininas assumem funções importantes na trajetória do escritor Eduardo, propomos estudar a conformação de tais personagens e verificar os modos pelos quais elas atravessam a obra rebeliana, com caracterizações e abordagens duplicadas.

No relato de Eduardo, confluem convocação retrospectiva e consciência presentificadora, as quais se mesclam em dissensão, fratura e indecidibilidade tanto em relação ao texto quanto em relação às mulheres. Em nossa empreitada analítica cabe, então, questionar: como essas personagens se relacionam com o todo, sobretudo com o narrador Eduardo? Como elas se conectam entre si? Como são construídas? A partir da refração de imagens difusas, num intrincado jogo especular, este livro procura discutir o deslocamento e o aprisionamento dessas personagens em um cotidiano alienante. Detalharemos a seguir.

1

CORNUCÓPIA DE MULHERES

Coisa estranha é mulher!

(Marques Rebelo)

Para facilitar a empreitada analítica aqui proposta, o presente livro estabelece a divisão sistemática das personagens femininas de *O espelho partido*, de Marques Rebelo, de acordo com as convocações feitas pelo narrador Eduardo em seu diário. Assim, pelas cenas e pelos comportamentos descritos, delimitamos dois grupos de mulheres e um de crianças, cujas construções espelham personagens de obras anteriores à trilogia. Para tanto, levamos em conta elementos comuns a todas as mulheres que surgem em maior ou menor grau no itinerário de Eduardo, bem como suas diferenças e seus impasses.

Porquanto as personagens femininas aparecem, invariavelmente duplicadas, em situações de procura pelo seu lugar na sociedade e por novas experiências, o procedimento da *mise en abyme* torna-se adequado às construções das mulheres selecionadas e à técnica escritural de Marques Rebelo.

De resto, podemos constatar que tais personagens surgem misturadas umas às outras por meio das associações de Eduardo, sem corresponder exatamente à cronologia inserida no diário. A todo o momento, o narrador revê seus mortos e os "ressuscita" pelas lembranças, alternando as datas, os sentimentos e as caracterizações:

> Qual a ordem de aparição dessas mulheres em sua vida? Não sabemos. Desfilam diante de nós, subitamente reevocadas por Eduardo, B antes de A, melhor talvez dizer que convivem em simultaneidade na suspensão do correr do tempo que a memória viva do passado possibilita. (Frungillo, 2001, p. 97-98).

Na trilogia rebeliana, o enredo é acompanhado por uma aspiração totalizante e engenhosa, pela aporia estendida aos movimentos amplos de inclusão e repetição, ruptura e continuidade, ao mesmo tempo. Esse movimento pode ser complementado pelas considerações de Tonia Raus (2014) a respeito da *mise en abyme* na obra de Georges Perec (1936-1982).

No estudo dedicado à origem do romance perecquiano, Raus (2014) esclarece o quanto a escrita do autor aproxima-se de um *"narratème"*, termo criado pelo próprio Perec para designar o minúsculo núcleo de narrativas futuras. Vejamos o trecho em que o escritor formula o conceito, ao comentar a gestação do romance inacabado *53 jours*:

> Estou começando... por algumas semanas, a formular algo que poderia um dia, algum dia distante, tornar-se uma teoria da narração. Só posso dar um exemplo. Você sabe, em linguística, as pessoas falam sobre morfema e lexema, e cheguei a pensar que existe algo que se poderia chamar de *narratème*. É um elemento minúsculo que... como a pérola dentro da ostra, pode tornar-se progressivamente o romance, a história. A princípio, não há quase nada. (Perec, 2003, p. 259, tradução nossa).[24]

Como se sabe, *53 jours* abrange o datiloscrito a que Perec dedicava-se no momento de sua morte e os manuscritos reproduzidos no próprio livro. Assim, o *"narratème"* constitui um neologismo definido como a unidade mínima de uma narração, ou seja, como o índice de uma história. O *"narratème"* faz com que o escritor evoque a origem da narrativa mediante a ideia de expansão, de desenvolvimento maximal de um ponto de partida reduzido ao ínfimo. Essa atenção dispensada à segmentação romanesca, à dinâmica entre o todo e as partes é central na produção perecquiana.

De acordo com Tonia Raus (2014), esse movimento também está presente em *La vie mode d'emploi*, quando, no capítulo 51, epicentro do enredo, ocorre uma espécie de compêndio com o quadro que o pintor Serge Valène projeta sobre o edifício aberto. Tal pintura expõe a vida dos moradores e funciona como a *mise en abyme* do próprio romance, no esboço angustiante de apanhar a totalidade da vida e do tempo. Essa tentativa de apreensão traduz o sistema de romances em germe vividos pelos inúmeros personagens do prédio. Trata-se de uma tensão criada pelo *"narratème"* ou microficção entre as diferentes histórias e personagens, entre o todo e suas partes:

---

[24] Trecho original: *"Je commence juste... depuis quelques semaines, à formuler quelque chose qui pourrait devenir un jour, un jour lointain, une théorie de la narration. Je ne peux que vous em donner un exemple. Vous savez, en linguistique, les gens parlent de morphème et de lexème, et j'en suis venu à penser, qu'il y a quelque chose que l'on pourrait appeler un narratème. C'est un élément minuscule qui... comme la perle à l'intérieur de l'huître, pourrait progressivement devenir le roman, le récit. Au début, il n'y a presque rien"* (Perec, 2003, p. 259).

> Os elementos do romance estão dispersos e ao mesmo tempo reunidos neste quadro: do ponto de vista figurativo, o quadro diegético de Valène; do ponto de vista literal, a apresentação tabular do capítulo que permite ao leitor, aos seus olhos, uma apreensão quase instantânea do conjunto do romance. (Raus, 2014, p. 5, tradução nossa).[25]

Tais noções continuariam presentes nos horizontes ficcionais de Perec, com a publicação de *Un cabinet d'amateur*, de 1979. Intensificando o trabalho com a pintura, Perec cria o enredo em torno da trajetória do personagem Hermann Raffke, grande colecionador de obras de arte reveladas como falsas ao final da novela. Ao longo do enredo, toda a coleção reunida por Raffke é apresentada ao leitor pela elaboração de imagens intercaladas por listas, as quais detalham as obras colecionadas e conectam-se ora aos avanços, ora aos recuos da narrativa, conjugando uma espécie de catálogo ou verbete.

Entre as obras, sobressai-se uma enorme tela que retrata grande parte da própria coleção e que, por retratar também a si mesma, elabora-se ao modo de uma *mise en abyme*. Nesse quadro observa-se um retrato do colecionador ao centro, acomodado em uma poltrona, junto a uma centena de telas colocadas nas três paredes sem portas ou janelas aparentes, o que nos leva à ideia de exaustão da escrita literária proposta por Perec:

> [...] mais de cem quadros estão reunidos nessa única tela, reproduzidos com uma fidelidade e uma minúcia tais que não nos é possível descrever todos com precisão. [...] Bastará dizer que todos os gêneros e todas as escolas de arte da Europa e da jovem pintura americana estão aí admiravelmente representados [...]. (Perec, 2005, p. 15).

Curiosamente, a pintura em questão leva o mesmo título da narrativa, *Un cabinet d'amateur*, conquistando uma posição central na narrativa de Perec, que não por acaso traz o subtítulo de *Histoire d'un tableau*. A descrição desse catálogo abissal denuncia, contudo, o embrião de uma ideia do próprio autor, conforme confessou em entrevista:

> [...] desde muito tempo, eu sou fascinado por esses quadros que chamamos de 'coleção particular'. A ideia de um quadro que é em si mesmo um museu, que é a imagem, a representação de uma série de quadros, e, algumas vezes, nesses

---

[25] Trecho orginal: "*Les éléments du roman sont éparpillés et en meme temps rassemblés au sein de ce tableau: d'un point de vue figuré, le tableau diégetique de Valène; d'un point de vue littéral, la présentation tabulaire du chapitre qui permet au lecteur, à son oeil, une appréhension quasi instantanée de l1ensamble du roman*" (Raus, 2014, p. 5).

quadros havia ainda uma vez um quadro que é um quadro que representa uma série de quadros etc., essas *mises en abyme* sucessivas, é algo que em muito me agradava. (Jorgensen; Sestoft, 2000, p. 105 *apud* Dias, 2016, p. 262).[26]

Ao destacar a importância da *mise en abyme* para a trama do livro, Perec evoca a forma dos catálogos, fazendo da coleção particular de Raffke a própria metáfora da escritura. Todos os fatos ocorridos na narrativa relacionam-se diretamente com a potencialidade imagética produzida pela palavra escrita. Pode-se dizer que o escritor busca preencher a página de seu livro como se pintasse uma tela ao exibir imagens duplicadas que se deslocam no tempo e no espaço.

"Toda obra é o espelho de uma outra", adiantava no preâmbulo: um número considerável de quadros, se não todos, só assumem seu verdadeiro significado em função de obras anteriores que nele estão ou apenas reproduzidas, integral ou parcialmente, ou ainda, de forma bastante alusiva, codificadas. (Perec, 2005, p. 22).

A partir dessas considerações, arriscamos dizer que é possível encontrarmos movimento semelhante com as construções das personagens femininas de *O espelho partido*, ainda que de forma menos sistemática do que na literatura de Perec. O movimento perecquiano da "pérola dentro da ostra" pode traduzir a escrita de Marques Rebelo na multiplicação das mulheres presentes na vida do escritor Eduardo e no espelhamento destas em ficções precedentes.

Marques Rebelo procura reativar a memória textual e a curiosidade dos leitores na medida em que os convida à releitura de suas obras anteriores. A tensão entre o todo e as partes distribui-se na extensão do campo de presença configurado no momento da leitura, possibilitando um processo especular inteligível. Esse processo é reforçado e atravessado pela presença figurativa do espelho que Eduardo conversa, entretendo-se ironicamente em diversos momentos da trilogia:

O espelho:

- Tenho o pressentimento de que nunca acabarás a tua obra-prima...

---

[26] Trecho original: "*depuis longtemps je suis fasciné par ces tableaux qu'on appelle « cabinets d'amateurs ». [...] L'idée d'un tableau qui est en lui-même un musée, qui est l'image, la représentation d'un série de tableaux, et parfois dans ces tableaux il y avait encore une fois un tableau qui est un tableau qui représent une série de tableau et cetera, ces mises en abyme successives, c'est quelque chose qui me plaisait beaucoup*" (Jorgensen; Sestoft, 2000, p. 105).

> - Consola-me o pressentimento de que o mundo não precisará mais de obras-primas. (Rebelo, 2009, p. 41).

O espelho, esse objeto de estrutura molecular líquida, surge como o ensejo para a representação vertiginosa da existência do homem Eduardo, refletindo, ao mesmo tempo, as próprias crises do escritor Eduardo em relação à obra que está escrevendo, ao mostrar as instabilidades e fragilidades de sua escrita.

O interesse de Marques Rebelo pelo espelho não é gratuito. Não obstante, particularmente na trilogia, o espelho apresenta uma problemática específica, formando um recorte especular dentro da obra do escritor. Pode-se dizer que uma das questões presentes nas cenas de Eduardo com esse objeto é o encontro narcísico com os limites de sua escrita, configurando a presença da vertigem, da passagem não concluída e dos impasses em relação às mulheres de sua vida. Como espaço fronteiriço, o espelho, em todas as suas potencialidades e tensões, confirma, de modo abrangente, a *mise en abyme* na ruptura e na continuidade da obra rebeliana. Portanto no enredo de *O espelho partido*, o espelho instaura um confronto que torna possível a investigação das personagens femininas *en abyme*, ou seja, como elas desdobrar-se-ão, "saindo" umas das outras.

No entanto o fenômeno que estamos descrevendo não se encerra em uma simples duplicação ou encaixe. Trata-se de uma estrutura dotada de lógicas significantes que, para além de apenas duplicar os elementos do primeiro texto, são dotadas de aspectos muito particulares. Dessa forma, é necessário dizer que a *mise en abyme* depende de uma estrutura com um significado e uma função própria, independentemente do texto que possa acomodá-la. Essa função – e Dallenbach (1977) destaca-a sem de fato nomeá-la – é, evidentemente, a da reflexividade, conforme definido por Gian-Maria Tore (2014, p. 55): "A reflexividade é uma maneira de definir e analisar o que chamamos de 'sentido', seja de um comportamento ou de uma obra".[27]

Certamente, em termos de análise, o que devemos levar em conta não é o simples encaixe de uma parte no todo, mas a reflexividade que se abre para o todo. Só então examinaremos a maneira como o "abismo" inclui-se no todo, seja por encaixamento ou não:

---

[27] Trecho original: "*La réflexivité est une manière de définir et d'analyser ce qu'on appelle le « sens », que ce soit le sens d'un comportement ou d'une oeuvre*" (Tore, 2014, p. 55).

> [...] não é o fato do encaixe ou do quebra-cabeça que produz a *mise en abyme*, é antes o fato de que nesta parte do discurso possivelmente encaixado ou com quebra-cabeça encontramos propriedades importantes para a compreensão do próprio discurso em sua totalidade. (Tore, 2019, p. 252, tradução nossa).[28]

Gian-Maria Tore (2019) completa a formulação afirmando que não existe uma *mise en abyme* em estado "puro", uma vez que indicaria a autoaniquilação da própria obra que a produz, paradoxalmente reduzida a um único abismo. Não obstante, o corolário aqui estabelecido depreende-se dos componentes "impuros" da *mise en abyme* para além do simples encaixe: "Pois é a partir deste último componente que leremos a *mise en abyme*. Ou para ser mais claro: é a partir do interesse discursivo deste componente que estabeleceremos a sua importância reflexiva" (Tore, 2019, p. 256, tradução nossa).[29]

Acresce que, numa definição mais atual e completa de *mise en abyme*, a totalidade em questão deve ser discursiva. A *mise en abyme* é, portanto, uma parte de um discurso que reflete o significado de todo o discurso e que compartilha com ele certo número de qualidades importantes para a sua compreensão. Nesse sentido, ela isola certas qualidades de um discurso mais amplo e destaca-as pelo menor espaço que lhes oferece. É necessariamente uma imagem condensada de todo o discurso; ela permite um melhor entendimento do sentido global da obra, daí o seu aspecto revelador.

Não por acaso, as personagens femininas criadas por Marques Rebelo não integram, assim, a simples reprodução de indivíduos reais. Pelo processo da *mise en abyme*, interessa ao autor apresentar a natureza essencialmente textual das personagens, o que inclui até mesmo o efeito "holográfico"[30] dessas figuras. Tal efeito é aqui entendido no sentido de gênese e semelhança, bem como da multiplicação dos jogos de espelhos.

---

[28] Trecho original: "[...] *n'est pas le fait de l'enchâssement ou du puzzle qui produit la mise en abyme, c'est le fait que dans cette partie du discours éventuellement enchâssée ou avec puzzle on trouve des propriétés importantes pour la compréhension de discours même dans sa totalité*" (Tore, 2019, p. 252).

[29] Trecho original: "*Car c'est à partir de cette dernière composante qu'on lira la mise en abyme. Ou pour être plus clair : c'est à partir de l'intérêt discursif de cette composante qu'on établira son importance réflexive*" (Tore, 2019, p. 256).

[30] "Os hologramas são registros de objetos que quando iluminados de forma conveniente permitem a observação dos objetos que lhe deram origem. Ao contrário da fotografia, que apenas permite registrar as diferentes intensidades de luz proveniente da cena fotografada, os hologramas registram também a fase da radiação luminosa proveniente do objeto". Disponível em: www.cienciaviva.pt. Acesso em: 19 set. 2023).

Ao evocarmos Antonio Candido (1968) e seu famoso ensaio *A personagem de ficção*, devemos lembrar-nos de que a intensidade da personagem depende sobremaneira de sua integração com o todo da narrativa, estando sujeita "[...] às leis de composição das palavras, à sua expansão em imagens, à sua articulação em sistemas expressivos coerentes, que permitem estabelecer uma estrutura novelística" (Candido, 1968, p. 51).

Baseando-se também nas formulações de François Mauriac, Candido (1968) mostra-nos que os autores isolam os indivíduos em seus grupos sociais, mostrando, consequentemente, as paixões presentes e dominantes nesses indivíduos. Para o crítico, a personagem é o ser que mais se movimenta, atua e comunica-se dentro do romance moderno. Variados traços caracterizadores são escolhidos pelos escritores, que se cruzam e ampliam-se nas diferentes cenas e contextos, favorecendo a própria personagem em complexidade.

Como indica Ariovaldo Vidal (2018, p. 19), retomando as ideias de Candido a respeito das personagens em José Lins do Rego e Clarice Lispector: "Cada novo contexto intensifica a personagem; cada vez que reaparece, torna-se mais reveladora de sua condição, havendo nesse processo um movimento de mudança e permanência no tempo". Assim, em *O espelho partido*, a presença das personagens femininas criam tensões entre a parte e o todo, demonstrando a sua força. Tais mulheres guiam Eduardo em seu diário, revelando-se por meio dos jogos de espelhos.

A propósito, dividimos neste livro as personagens femininas de *O espelho partido* em três grandes grupos. Demos ao primeiro grupo o nome de "Liberais e desviantes". Nele estão Aldina, Clotilde, Sabina, Felicidade, Maria Berlini e Júlia Matos, amantes de Eduardo em diferentes fases de sua vida, e as cantoras de rádio Lenisa Máier, Neusa Amarante e Glorita Barros, além de Madalena, irmã do narrador, Dagmar, Catarina, Lobélia, Solange e Cinara.

O segundo grupo denominamos de "Rainhas do Lar". Fazem parte dele Luísa, dona Carlota (madrinha de Luísa), Mimi e Florzinha (primas de Eduardo), Susana Mascarenhas, a mãe do narrador, tia Mariquinhas e Marcionília Peçanha, professora de Eduardo no ensino fundamental.

O terceiro e último grupo é composto por personagens infantis, que participam ativa e dialogicamente da trama de *O espelho partido*. São elas: Cristianinha, Vera, Elisabete e Natalina.

Para tanto, é pertinente recorrermos aos apontamentos de Luís Bueno (2006) a respeito dos limites encontrados na construção das personagens femininas até meados da década de 1930. Segundo o crítico, dois extremos demarcavam a apreensão dessas personagens: de um lado estavam as caracterizações de esposa ou de namorada e, de outro, a prostituta distante da vida familiar e doméstica devido às atividades sexuais desviantes. Isso toma forma com grande número de trajetórias que traziam os mesmos motes, com a mulher perdida, terminando por se prostituir, ou a moça que ama o marido, mas não expõe seus desejos. Essas caracterizações apontam uma concepção redutora ou mesmo simplista do assunto. Conforme esclarece Bueno (2006, p. 301-302):

> De fato, é muito difícil encontrar textos escritos por homens que, colocando esse tipo de problema no centro temático de sua obra, pelo menos indiquem, como fez Arnaldo Tabayá, que os papéis de prostituta e de esposa não dão conta da figura feminina a essa altura do campeonato – se é que deram em alguma ocasião.

Afinal, grande parte dos romances que traziam personagens femininas como protagonistas eram marcados por vozes masculinas que não conseguiam compreendê-las para além das duas caracterizações delimitadas. Todavia, com a emergência do romance social mais crítico, surgiram tratamentos diversos em torno da temática feminina, que possibilitaram novas apreensões críticas.

Para Bueno (2006), um exemplo maciço de tais enfrentamentos podem ser encontrados na obra de Lúcia Miguel Pereira (1901-1959), com os romances *Maria Luísa* e *Em surdina*, ambos publicados em 1933. Nessas narrativas, a autora, ainda que não desconstrua totalmente a oposição entre esposa e prostituta, complexifica a figuração da mulher com personagens que propiciam uma abordagem um pouco mais aprofundada da sexualidade, da religiosidade e dos papéis sociais.

Na primeira obra, *Maria Luísa*, estamos diante de um enredo que narra uma crise, na medida que focaliza a personagem homônima às voltas com a tradição moral e religiosa, pilares que julga implacáveis. Porém o envolvimento com um amigo do marido transfere-a a um espaço de dúvidas e crises. A partir de então, a autora focaliza a mudança e a ressignificação da personagem, revelando a nova forma com que ela vê o mundo. As consequências dessa crise serão narradas na segunda parte do romance, momento em que a protagonista depara-se com o inferno de si mesma, como nota Luís Bueno (2006, p. 307): "[...] é de se esperar que uma pessoa que via as coisas de forma tão rígida e se coloca numa situação dessas vai viver um inferno".

De modo semelhante, *Em surdina*, segundo romance de Lúcia Miguel Pereira, aprofunda a temática do casamento já trazida em *Maria Luísa* por meio da protagonista Cecília, que se recusa a aceitar um pedido de casamento, destino reservado à maioria das mulheres de sua época. O casamento é visto como motivo de angústia e aprisionamento, rendendo inúmeras reflexões e oscilações por parte da personagem.

Como se vê, os dois romances fogem aos estereótipos que rotulavam a figuração feminina, apresentando matizes mais complexas. No mesmo polo, Bueno (2006) atenta para *O quinze* (1930), de Rachel de Queiroz, como obra interessante para se pensar a posição da mulher. Nessa obra, por meio de uma figuração também complexa, a escritora apresenta-nos Conceição, mulher que oferece a negativa ao casamento e à maternidade convencional.

Tais apontamentos são necessários para pensarmos a literatura de Marques Rebelo. Nesse sentido, ressaltamos que a divisão aqui colocada não é estanque e pode apresentar certas modulações. Como afirma Zamboni a respeito dos personagens rebelianos, há uma espécie de "terceira via", quando comparados, por exemplo, com as criações de Lúcio Cardoso e Jorge Amado:

> Sujeitos presos em suas almas: assim são muitos personagens de Lúcio Cardoso. Sujeitos desaparecidos nas ruas: assim outros tantos de Jorge Amado. E essa terceira via de Marques Rebelo (nem a narrativa sem alma de certos romancista 'sociais' da época, nem os textos só de alma de seus colegas católicos do sudeste) põe a alma em ação, captada no seu "deslizamento fora de si". (Zamboni, s.d., não paginado).

Por isso a literatura rebeliana, ao explorar ao máximo as potencialidades latentes nos comportamentos das figuras femininas, o seu valor expressivo, cria matizes que entrelaçam as construções das personagens. Vistas sob o ângulo da *mise en abyme*, as mulheres de *O espelho partido* conferem ao texto o sentido de nomadismo, o que implicaria a construção de um texto literário nômade em processo de mutação e deslizamento de fronteiras entre a ficção atual e as ficções anteriores.

A subjetividade de tais mulheres e da própria história contada emergem, pois, do ritmo vivo e ondulante da narrativa de Eduardo, possibilitando ao leitor captar as tensões experimentadas pelas mulheres de sua vida. Assim, aspectos cruciais de caracterização de um grupo são partilhados moral e psicologicamente por personagens de outro grupo, aumentando a complexidade da construção. A título de exemplo, encontramos o casamento, instituição que surge como valor desejado tanto pelas mulheres "do lar" quanto por algumas das "liberais" no relato de Eduardo. Posteriormente, mostraremos como isso acontece.

Para a sociedade brasileira, em que predomina, muitas vezes, a invisibilidade feminina, essa literatura é inovadora e transgressiva. Ao enfatizar em *O espelho partido* as variantes dos comportamentos femininos, Marques Rebelo insere o leitor no contexto da época, além de dialogar com questões ainda atuais. Ao levarmos em conta o pressuposto de Anatol Rosenfeld (1968, p. 31) de que "em todas as artes literárias e nas que exprimem, narram ou representam um estado ou estória, a personagem realmente 'constitui' a ficção", reafirmamos a importância da análise das personagens femininas, que busca articular a estrutura romanesca à dinâmica social brasileira.

Dito isso, é preciso então compreender, por meio da *mise en abyme*, como se dá esse processo de construção da personagem feminina no horizonte da obra rebeliana. Marques Rebelo constrói um amplo painel de mulheres, no qual emergem realidades e comportamentos distintos, regidos e compreendidos pela época. Conforme já observado, as representações fazem emergir complexidades que matizam alguns estereótipos e duplicam caracterizações num espaço de tensão. Vejamos o primeiro grupo.

1.1 LIBERAIS E DESVIANTES

Conforme já apontamos, em *O espelho partido* as personagens femininas são introduzidas aleatoriamente a partir das memórias do escritor Eduardo em seu diário. Assim, ele movimenta-se entre elas de modo a narrá-las e julgá-las por seus comportamentos e opiniões. Em linhas gerais, o discurso de Eduardo oscila em caracterizá-las como aptas ao casamento e às regras da moral vigente, e a descrevê-las como liberais e desviantes a esses aspectos. Muitas vezes, essa segunda opção passa pela relação de adultério praticada por Eduardo, tanto no primeiro casamento, com Lobélia, quanto no segundo, com Luísa.

As aventuras narradas com as outras mulheres dão vazão a constantes reflexões do narrador e são desencadeadoras de crises vivenciadas por Eduardo, tanto em relação a si mesmo quanto à sua escrita. Com isso, Eduardo mergulha na sensação de inaptidão e culpa, acabando por misturar o passado e o presente em suas memórias, numa espiral naufragada em agudo processo reflexivo. Desse modo, tendo-se perdido diante do emaranhado de memórias, o escritor Eduardo manifesta sua consciência amarga e perplexa.

As personagens desse grupo permitem-nos constatar que nem todas as mulheres da época subjetivavam-se como mães e esposas, religiosas e recatadas, solteiras resignadas a uma vida solitária e dedicadas aos cuidados com os familiares. Múltiplas em suas vivências, tais mulheres carregavam em seus corpos sentimentos ambíguos, apresentando fantasias e desejos não enquadrados no casamento e na maternidade e que algumas delas permitiam-se realizar. No entanto pode-se dizer que as personagens femininas aqui incluídas, por suas condutas e escolhas, vivenciam o desterro social da moral imposta, sendo, nesse sentido, caracterizadas como desajustadas. A elas cabem apenas destinos negativos na trilogia rebeliana.

Com exceção de Catarina, a maioria das mulheres "liberais e desviantes" não são abastadas financeiramente, tendo de trabalhar para sobreviver, e, por vezes, assumirem a prostituição. Além disso, a ausência de intelecto perpassa seus comportamentos, aspecto bastante enfatizado por Eduardo. Essas diferenças refletem-se nos diferentes modos como tais personagens são apresentadas pelo narrador.

Para além daquelas que ocupam posições centrais por se relacionarem mais de perto com Eduardo – Aldina, Catarina, Maria Berlini e Júlia Matos –, também é necessário abordarmos algumas personagens secundárias, que também têm papel fundamental na construção do enredo, conferindo interessantes matizes espiraladas.

Na sequência, abordamos a caracterização de cada uma dessas mulheres e, em seguida, tentamos demonstrar pelo movimento em retrovisor aqui escolhido, os desdobramentos especulares em personagens de ficções anteriores com o respaldo teórico da *mise en abyme*. Comecemos por Aldina.

1.1.1 Aldina

A mulata Aldina faz parte da adolescência de Eduardo, sendo responsável por sua iniciação sexual. Sua aparição dá-se no primeiro tomo da trilogia, nas memórias inseridas em maio de 1937, quando o narrador expõe uma discussão ocorrida entre os dois, motivada por ciúmes. Para sobreviver, ela trabalhava como doméstica na casa de dona Eunice, patroa que tinha na mais alta consideração. O relacionamento era repreendido por Mariquinhas, tia de Eduardo, que fazia questão de sinalizar as diferenças de classe, ostentando "os últimos e melancólicos pechisbeques duma esfarrapada nobreza: – Outra copeira!!!" (Rebelo, 2002, p. 249).

Eduardo sugere que Aldina traía-o com outro homem, o que ela prontamente rebate, apontando a questão financeira e suas próprias escolhas: "Você é rico por acaso? Você é bonito? Eu vivo às suas custas? Estou com você porque gosto. Não preciso te enganar" (Rebelo, 2002, p. 247).

Ademais, Aldina é caracterizada como "requebrante e provocante" e, segundo Eduardo, uma de suas qualidades era sambar muito bem nos bailes de carnaval acompanhada por ele:

> Íamos abraçados e a cintura de Aldina comandava os meus movimentos, como se eu fosse um boneco de ventríloquo que só tivesse vida por força do seu calor. [...] O suor descia-lhe do rosto para o pescoço, escorria pelos ombros nus de gigolete vermelha, canalizava-se para o entreaberto dos seios túrgidos, empinados, pomos que mordia mais do que beijava sob a clemência das mangueiras noturnas, nas largas camas de aluguel com travesseiros imensos, à meia-luz do seu quartinho de empregada. (Rebelo, 2002, p. 367).

Os atrativos de Aldina resumem-se ao físico, contribuindo para a caracterização estereotipada da personagem negra. Concebida nos termos da sensualidade, a negritude de Aldina reduz e limita as possibilidades de inserção social, expressando as conexões de raça, gênero e classe. A objetificação do corpo da personagem demonstra o preconceito histórico enraizado, bem como o pensamento hegemônico calcado na hierarquia entre as raças.

A aventura de Eduardo com Aldina é significativa de uma das questões sociais presentes na década de 1930, quando a negritude é enfatizada em muitas produções musicais do período, com as famosas marchinhas de carnaval – lembradas pelo narrador em diversos momentos da trilogia –, que destacavam a vulnerabilidade da mulher negra e o sexo casual. Nesse contexto, cabe evocarmos uma das canções do compositor Lamartine Babo (1904-1963), talvez hoje cancelada pelo teor preconceituoso, nas festividades carnavalescas: "O teu cabelo não nega, mulata/Porque és mulata na cor/ Mas como a cor não pega, mulata/Mulata, quero teu amor".[31]

A presença de Aldina atravessa os três tomos da trilogia, sendo sempre lembrada pelo narrador no contexto dos salões de baile. Ela aparecerá ao lado de outras mulheres da vida de Eduardo, que rememora em tom nostálgico: "Nunca mais vi Dorothy. Nunca mais vi o luso Vicente Ortigão. Nunca mais vi Doralice. Nunca mais vi Aldina! Assim são os caminhos que aprendemos" (Rebelo, 2009, 401). Além de servir à visão estereotipada da mulher negra, cuja função resume-se aos prazeres do sexo, a descrição Aldina também contribui, junto a outras mulheres, para certa concepção de tempo implacável ao narrador.

Definitivamente, Aldina desaparece e Eduardo chega a procurá-la na casa de sua patroa, dona Eunice, que afirma não saber de seu paradeiro, tampouco dos motivos de seu sumiço: "— Fiquei muito chocada. Nunca a tratei como empregada. Tinha toda a confiança nela. Mas o senhor sabe como é essa gentinha" (Rebelo, 2012, p. 333). Desnecessário dizer que o diminutivo contribui para a manutenção do discurso classista, disfarçado pela patroa de boas intenções e respeito. A passagem também explicita o fato de que as relações profissionais no mercado de trabalho doméstico brasileiro mantinha [e ainda mantém] resquícios dos tempos escravocratas.

Aldina também aparece nas memórias de Eduardo ao lado de Otílio, Tide e Sebas, personagens admirados pela coragem e pela vida noturna na cidade, manobrando "o violão, o baralho e a navalha" (Rebelo, 2012, p. 328). No diário de Eduardo, a representação de Aldina está conectada intimamente à cidade do Rio de Janeiro, assim como ocorrera com Lenisa em *A estrela sobe*:[32] "Pela primeira vez senti saudades do Rio, saudade súbita e forte. [...] saudade que se misturava à saudade de Aldina, como se ela e a cidade fossem uma coisa só" (Rebelo, 2012, p. 332).

---

[31] Vale lembrar que a figuração da mulher negra é presente em muitos momentos da literatura brasileira, não cabendo aqui rastrearmos a vasta produção, com traços que vão da louvação ao rebaixamento dessas personagens, revelando a dinâmica social do país. Nesse âmbito, elegemos o romance *O cortiço* (1890), de Aluísio Azevedo. Entre a galeria de personagens, destacamos Rita Baiana, mulher que conjuga negritude, exotismo e sensualidade. Suas danças e seus dotes culinários ressaltam, estereotipadamente, o elogio aos ritmos carnavalescos e aos prazeres carnais. Empregando os signos da animalidade cientificista utilizados na época, o autor ressalta a ambivalência contida nessa personagem: "[...] ela era a luz ardente do meio-dia [...] era o sapoti mais doce que o mel e era a castanha do caju, que abre feridas com o seu azeite de fogo; ela era a cobra verde e traiçoeira, a lagarta viscosa, a muriçoca doida, que esvoaçava havia muito tempo em torno do corpo dele [...]" (Azevedo, 2016, p. 90).

[32] Para mais reflexões a esse respeito, remeto o leitor ao meu artigo "O espaço dialético em *A estrela sobe*, de Marques Rebelo". Cf. ALONSO, Mariângela. *Revista Paraguaçu*, v. 1, n. 2, Bahia, p. 87-100, mar. 2023.

A lembrança de Aldina junto aos demais personagens enfatiza a obstinação de Eduardo em narrar a sua vida e, por conseguinte, recrudesce ainda mais a sua interação afetiva. O leitor começa, então, a apreender a situação também a partir da interioridade, do íntimo do narrador, como acontece neste trecho, em que Eduardo relata o fim de tais personagens:

> Sebas foi consumido pela tuberculose galopante como palha pelo fogo; Otílio pegou vinte anos – degolou a prostituta que o traía e, antes, fora absolvido por ter liquidado um galego que maltratava um cachorro; Tide desapareceu dos meus caminhos tal como desapareceu Aldina, sem deixar rasto na cidade-sorvedouro. Imune, deles conservo saudade e respeito, deles tracei o imperfeito retrato nas páginas mal reveladas da *Rua das Mulheres* e qualquer elogio que façam àquelas cenas é incenso que vejo queimar na ara daquela perdida convivência. (Rebelo, 2012, p. 329).

A opção pela enumeração dos fatos, das ações dos personagens, acelera o ritmo da narração e (re)cria na textualização do conteúdo, como efeito de sentido, a sua nostalgia. Estabelece-se uma cumplicidade que se solidifica visto que a narração tira o foco da situação, do estado de coisas, para concentrá-lo no sofrimento em si, no estado de alma de Eduardo.

Vale ressaltar que alguns dos personagens aqui mencionados também saíram de obras anteriores, como é o caso de Sebas, que em *Marafa* (1935) é proprietário de um estabelecimento onde se roubava na roleta. Junto de Aldina tais personagens são retratados por Eduardo em seu livro *Rua das mulheres*, título à clef, que alude ao romance *Marafa*, de Marques Rebelo, logo no início: "A madrugada não tardava. De luzes apagadas, dentro da névoa rala, a rua das mulheres dormia, finalmente" (Rebelo, 2012, p. 5). Tais relações serão abordadas mais detidamente no próximo capítulo deste livro, quando tratarmos da categoria do autor *en abyme*. Por ora, resta apenas insistirmos nas relações duplicadas, que fazem do relato de Eduardo um verdadeiro mosaico especular.

1.1.2 Clotilde

Clotilde também é caracterizada no âmbito dos bailes de carnaval, como a mulher descartável que serve de companhia esporádica para Eduardo. Fantasiada de odalisca, ela o acompanhava nos salões do *High-Life*, traindo o amante Zuza, soldado de índole duvidosa. Regados à pândega, tais encontros contavam com lança-perfume, como relata Eduardo em fevereiro de 1938, no tomo I (*O trapicheiro*):

> Os corpos se colavam na promiscuidade, a poeira cegava os olhos, o calor sufocava, a música estrondava, os gestos incontida lubricidade tomavam as mãos, as brigas se sucediam. O éter era cheirado à solta. [...] Acabei cheirando também, curioso, e foi uma sensação angustiante, como se tivesse bolas girando dentro de mim, bolas frias, dum perfume enjoado de jasmim, se entrechocando. (Rebelo, 2002, p. 369).

Eduardo também contatava Clotilde para encontros sexuais no "quartinho da Rua Barroso", local repleto de fotos de artistas de cinema e "vestígios de Zuza" nos cinzeiros. Zuza acabará desconfiando do caso dos dois, o que é veementemente negado por Eduardo, que consegue safar-se da situação. Assim como Aldina, Clotilde também fora doméstica em diversas casas, ocasiões em que tivera diversos amantes, que lhe davam dinheiro e presentes. Porém, mesmo aceitando viver com Zuza, Clotilde continuava com aventuras esparsas e Eduardo era uma delas.

1.1.3 Sabina

Sabina surge durante as evocações da infância do narrador. Em paralelo com as duas personagens anteriores, especialmente Aldina, com quem partilha a semelhança sonora no nome, ela também é negra e empregada doméstica na casa de Eduardo.

Ele relaciona-se com Sabina como uma espécie de compensação, para se vingar dos ciúmes que sentia do irmão Emanuel, muito mais estudioso do que ele e admirado pelos professores na escola. Do mesmo modo como as outras mulheres, Sabina é caracterizada por seus atributos físicos e sexuais: "Pés de fantasma, axilas de forno. Seio grande e negro como a noite, vertendo gota a gota o leite da iniciação. Sabina" (Rebelo, 2012, p. 102).

O caso com Sabina dura pouco tempo, sendo descoberto por tia Mariquinhas, que a despede alegando seu comportamento atrapalhado: "quebra de quatro pratos rasos, três pratos fundos, um pratinho de sobremesa, duas xícaras de chá e cinco de café; sumiço de uma faca de prata, duas colheres de sopa [...] além de muitíssimo respondona" (Rebelo, 2012, p. 14-15). No entanto, ao pai de Eduardo, Mariquinhas deixa claro que "a imoralidade deve ser cortada" (Rebelo, 2012, p. 15).

1.1.4 Felicidade

Também negra, Felicidade é a empregada contratada por Luísa, segunda esposa de Eduardo. Ela ficou responsável pela casa e pelas crianças; seu trabalho era satisfatório ao casal. Seus aspectos físicos são constantemente ressaltados, em construções que expressam o grotesco na brutalidade de seus traços:

> Felicidade tem mais largura do que altura, dentes alvos e sem falhas, preta como azeviche. Cabelo é a ferro e fogo, esticado, luzidio, com cachinhos que parecem argolas. Os pés são diminutos e encarquilhados como pé de papagaio, mas as unhas estão sempre pintadas dum encarnado de lacre – é o seu supremo requinte. (Rebelo, 2012, p. 70).

Ainda que fuja da sensualidade, a figuração de Felicidade contempla, no aspecto material do corpo, uma abordagem contundente da realidade que cerca a mulher pobre e negra. Note-se o comentário irônico de Eduardo por meio da expressão "supremo requinte", que cataloga a personagem entre as mulheres feias, ainda que vaidosas. A comparação de seus pés como os de um papagaio encerra certo rebaixamento de sua condição social e feminina. Inevitável lembramos aqui da caracterização de Sinha Vitória, de *Vidas secas*, obra de Graciliano Ramos, especialmente no momento em que Fabiano a compara com o animal por não saber equilibrar-se em sapatos de salto: "[...] o remoque de Fabiano molestara-a. Pés de papagaio. Isso mesmo, sem dúvida, matuto anda assim. Para que fazer vergonha à gente? Arreliava-se com a comparação" (Ramos, 2012, p. 43).

Vítima de um ambiente físico animalizador, Sinhá Vitória é apresentada ao leitor como um ser tão bruto e áspero quanto a paisagem que a cerca. Em escala semelhante, a empregada Felicidade tem sua humanidade reduzida ao grau zero ou a uma espécie de humanidade degradada, muito próxima da condição animal.

Em suma, a descrição de Felicidade encontra lugar no discurso estigmatizado de Eduardo. Segundo Djamila Ribeiro, faz-se necessário ressignificar o conceito do que naturalmente entende-se por humanidade, uma vez que "pessoas negras em geral e mulheres negras, especificamente, não são tratadas como humanas" (Ribeiro, 2018, p. 27).

1.1.5 Desdobramentos em Oscarina e Rizoleta

A abordagem das figuras femininas aqui elaboradas por Marques Rebelo exterioriza a questão do trabalho feminino, especialmente das classes mais desfavorecidas nas primeiras décadas do século XX. Como havia poucas oportunidades de inserção social, as mulheres resignavam-se ao trabalho doméstico ou optavam pelas escassas opções que as conferiam desprestígio de classe.

Surgiram novas formas de sociabilidade trazidas pela urbanização e a industrialização nos anos 30. Somadas ao êxodo do campo para a cidade, tais modificações estabeleceram impactos na estruturação social, sobretudo no que tange à posição das mulheres, como sinaliza Antonio Candido:

> Impondo-se a participação da mulher no trabalho da fábrica, da loja, do escritório, a urbanização rompe o isolamento tradicional da família brasileira, rica ou pobre, e muda de modo decisivo o status da mulher, trazendo-o cada vez mais para perto dos homens. As consequências imediatas podem ver-se nos novos tipos de recreação e de namoro que atualmente implicam contato muito mais frequente e direto entre rapazes e moças, tanto entre gente comum quanto na burguesia. (Candido, 1951, p. 304, tradução nossa).[33]

No entanto essa nova configuração não eximiu as mulheres do preconceito e da estigmatização do trabalho como domésticas. De maneira geral, o trabalho feminino era desvalorizado, pois sugeria a decadência econômica da família ou a incapacidade do homem em prover o sustento da casa. A desigualdade de gêneros, então, não estava presente apenas nas esferas pública e política, mas, sobretudo, dentro do âmbito familiar.

O trabalho doméstico foi desde sempre a forma de sustento para as mulheres de baixa renda e, por isso, acabou gerando, ao mesmo tempo, as conexões e os confrontos entre diferentes classes e raças. Nesse sentido, a visão de Eduardo denota certo distanciamento e perversidade a respeito das mulheres mencionadas.

---

[33] Trecho original: "*By imposing the participation of the woman in the work of the factory, the store, and the office, urbanization disrupts the traditional sequestration of the Brazilian family, rich and poor, and alters in a decisive manner the status of women, bringing it ever nearer that of men. The immediate consequences are seen in the new types of recreation and of courting, which at present imply much more frequent and direct contact between boys and girls, among the common people as well as among the bourgeoisie*" (Candido, 1951, p. 304).

Eduardo reproduz os estereótipos criados pelas classes médias e altas brasileiras em relação à mulher negra e doméstica. A caracterização é semelhante a uma visão de fora, de alguém que se aproxima e observa o que é diferente, curioso e exótico. Destaca-se a subalternidade presente tanto na descrição que Eduardo faz do trabalho das mulheres como domésticas quanto em respeito à atividade sexual delas.

As personagens femininas até aqui elencadas reforçam o movimento de vaivém da consciência do escritor Eduardo na medida em que povoam os ambientes, as ironias, a vida na infância e na fase adulta: "Tudo revive nas páginas do livro, tudo ressurge, muitas vezes sob a forma de um *leitmotiv*, cujo significado último permanece obscuro para o leitor" (Frungillo, 2001, p. 84).

Do ponto de vista da *mise en abyme*, tais personagens espelham conexões que vão desde a profissão de empregada doméstica, a negritude estereotipada e o comportamento liberal descrito. As descrições animalizam e objetificam os corpos negros, tornando-os adequados às significações carnais e subservientes.

Pode-se dizer que todas as personagens aqui descritas retomam, de uma maneira ou de outra, a construção da cabrocha Oscarina, protagonista da coletânea de título homônimo, publicada em 1931. Nessa obra de estreia já estão, de forma embrionária, temáticas e propostas que Marques Rebelo desenvolveria posteriormente, a partir dos tipos humanos e ambientes mobilizados. Além disso, confere destaque à personagem negra que dá nome ao livro.

É sabido que desde o lançamento de *Oscarina*, Marques Rebelo viu-se às voltas com o problema do aspecto formal de suas narrativas, no que tange à construção do enredo e desdobramentos de personagens. Tal fato ocupou sempre o "estatuto de um tema central de sua obra", conforme indica Ariovaldo Vidal:

> Nesse livro de estreia, que chamou atenção da melhor crítica da época, a questão aparece tratada ora pelo próprio autor, ora pela crítica, sendo o início em sua obra de um diálogo entre o que havia feito e recusava, o que não fizera e buscava, em termos de estrutura e estilo, este caudatário da prosa realista brasileira, de Almeida e Machado, posta agora no registro cotidiano herdado do primeiro modernismo. (Vidal, 2012, p. 331).

Assim, os 16 contos que compõem o volume oscilam entre o caráter de novela, que dá corpo à narrativa de título homônimo e peças soltas, como instantâneos cotidianos e poéticos tratados no registro da crônica.

Essa disposição formal é semelhante à utilizada em *O espelho partido*, especialmente quanto à construção fragmentária e caótica. A variação no plano composicional da trilogia reflete-se também na caracterização das personagens femininas, reforçando as relações de unidade e multiplicidade. A forma fragmentada do conjunto à maneira de um mosaico é um importante recurso narrativo. É possível afirmar que o jogo narrativo especular reporta-se à dinâmica de encadeamento significativo que ocorre no relato de Eduardo. Dessa forma, a narrativa principal é impregnada de encaixe de outras narrativas e outros personagens. As estórias encaixadas estão vinculadas ao eixo central do livro e tendem a funcionar como metassignificação, fazendo com que os episódios sejam movidos pelo princípio da autorreferencialidade.

Na obra de estreia, Oscarina é a companheira de Jorge, posteriormente nomeado cabo Gilabert em homenagem a um famoso jogador do clube Andaraí. Embora seja uma personagem secundária, Oscarina contribui de forma decisiva para a mudança que se opera em Jorge. Ele é filho de um oficial de baixa patente do exército, Sr. Augusto dos Santos, homem rígido e metódico, e de dona Carlota, mulher submissa ao marido e dedicada aos afazeres domésticos. O pai sonhava para Jorge a ascensão social e a formação de "doutor", fato que será descartado pelo protagonista, que procurará encurtar o caminho em busca da independência financeira. Para tanto, abandona os estudos e assenta praça no Exército, deixando para trás a noiva Zita, amiga de infância, trocando-a pela mulata Oscarina. Desse modo, a narrativa empreende a simetria entre dois pares de amantes, uma vez que na primeira parte traz-nos Jorge e Zita e na segunda, Gilabert e Oscarina.

Frequentadora do "mafuá" de Botafogo, Oscarina encarna o perfil sedutor e liberal, vivendo com Jorge um relacionamento livre da formalização do casamento. É doméstica na casa de patrões ranzinzas e deseja mudar de vida, vendo em Jorge uma alternativa viável:

> – Por que você pensa, Jorge, que não cansa aturar o dia inteiro Dona Flora? [...]

> – Mas se eu ganho só vinte e um mil-réis por mês, meu benzinho? – explicava abraçando-a e beijando-lhe a face com ternura.

– Não quero saber de nada, procure ganhar mais! ... – e repelia-o com a cara trombuda. (Rebelo, 1973, p. 37).

A caracterização de Oscarina denota sensualidade e uma nova linguagem por parte do narrador, de modo a marcar transformações na trama; surge "rebolando", "balançando-se" na grade de forma "tentadora" e provocante. Dessa forma, a personagem aparece como uma mulher liberal, que samba nos salões e procura, aos poucos, manipular Jorge em suas vontades.

A linguagem trabalha com termos que remetem a uma esfera de sensualidade e satisfação dos prazeres: "– Você tem de sair à paisana, benzinho. [...] Você tem de sair – batia o pé [...] Caía na dança. Oscarina suava acremente nos seus braços, reclamava quando ele apertava demasiadamente" (Rebelo, 1973, p. 35). Os atributos de Oscarina estão de acordo com o estereótipo da mulher negra e carioca, conforme observa Luciano Trigo: "[...] concreta, carnal, com sangue nas veias e pródiga em curvas, no corpo e no temperamento" (1996, p. 40).

Oscarina vive com Jorge num barraco alugado no morro, com planos para o futuro, numa aparente satisfação, mesmo sendo espancada esporadicamente por ele. Concorda com o companheiro quanto à vida futura: "– A vida é boa, não é, Oscarina? – consultara. – Eu acho. [...] Agora, eram cães que latiam, no alto do morro, para os lados da caixa d'água" (Rebelo, 1973, p. 47-48). Quanto a esse final, Mário de Andrade observou certo inacabamento intencional ao comentar o estilo e as preferências de Marques Rebelo, que deixou o conto pelo meio:

> Não é preciso que Zita morra, que Oscarina dê o fora no sargento, como as probabilidades indicam: a verdade é que se percebe que este sargento, figura principal do caso ainda persevera em nosso prazer literário pelas muitas comezinhas importantíssimas que irá viver. Nas obras de arte pouco importa o ponto em que as vidas e os casos terminem, eu sei: importa porém que a obra nos dê todo o sentido duma vida ou dum caso. E é isso que em *Oscarina* ficou no meio. (Andrade, 1975, p. 147-148).

Com efeito, Mário de Andrade sentiu que haveria matéria narrativa que poderia se desdobrar. A contingência do inacabamento estabelece uma abertura narrativa em que a prática escritural rebeliana arquiteta-se e diz por si própria. Portanto o caráter inacabado da narrativa que já se anuncia em *Oscarina* indica algo que se constituirá como aspecto fulcral da escrita de Marques Rebelo, qual seja, o gosto pela exploração formal, como um exercício em si, a palavra como um fim reflexivo. Tanto assim, que o coronel Madureira (de *O simples coronel Madureira* [1967]) e a esposa Deolinda são a continuação de Oscarina e Gilabert. Na trama, Madureira encantar-se-á por Almerinda Ramalho, sua provocante e mentirosa secretária, com quem viverá um tempo sonhado de prazeres e liberdade. Pode-se dizer que houve um desenvolvimento das personagens. Deolinda e Madureira entram agora num mundo repleto de ordem burguesa.

As figurações até aqui abordadas ecoam ainda a construção da mulata e prostituta Rizoleta, de *Marafa* (1935), num movimento análogo ao da caracterização de Oscarina. Assim a descreve o narrador, quando observada pelo malandro Teixerinha:

> Ele aí olhou-a bem. Era carnuda, tinha os seios fartos, as axilas raspadas, cabelo sedoso e negro. Estava ali há pouco mais de dois anos. Perdera-se com um soldado que a largara, não achou jeito de voltar novamente para ama-seca, dormiu com um e com outro – caíra na vida. Era esta a sua história. (Rebelo, 2012, p. 7).

Ao longo da trama de *Marafa*, Rizoleta será explorada por Teixeirinha, que vê nela um modo de extrair seu sustento. Tal como Oscarina, ela é representante de uma classe estigmatizada, carente de recursos e oportunidades. Seu fim será trágico e envolverá doença, loucura e suicídio, ao atear fogo em si, completando a sina traçada por sua classe social: "A cabeça dela doía e ouvia vozes que a chamavam [...] – a mulher estava maluca! Foi um instante. As vozes chamavam, chamavam! ... Ela embebeu o vestido em álcool e atacou fogo. Saiu como uma estrela pela rua gritando!" (Rebelo, 2012, p. 249).

Em *Marafa*, Marques Rebelo apresenta o submundo de prostitutas, malandros e cafetões por meio da captação do espaço urbano carioca da primeira metade do século XX. Nesse vasto painel, Rebelo mostra-nos que, a despeito das muitas transformações sociais, existia uma grande parcela da população sem acesso aos benefícios do progresso e da modernidade.

Na ausência de oportunidades e de trabalhos dignos, tal parcela via-se obrigada a buscar outras formas de garantia da própria sobrevivência. A respeito disso, Alfredo Bosi (2006, p. 410) argumenta que Marques Rebelo "acompanha com admirável argúcia os conflitos, as frustrações e as renovadas esperanças daquelas gerações modestas que se ralam para sobreviver em uma sociedade cada vez mais lacerada pela competição".

Nesse sentido, o destino traçado e a condenação de Rizoleta situam-se como mote que abrange algo muito maior, superior à sua existência como mulher: a própria sociedade e as escassas oportunidades por ela oferecidas.

A noção de *mise en abyme* responde, dessa forma, pela dinâmica que circunscreve e orienta as caracterizações das personagens femininas aqui duplicadas. Conforme indica Dallenbach (1977), as modulações da *mise en abyme* dividem-se em dois grupos, marcando-se pelos exercícios de condensação e interrupção, sendo, por isso, particularizantes ou "modelos reduzidos", responsáveis por comprimir e restringir a significação da ficção, e, generalizantes ou "transposições" que, por sua vez, "[...] submetem o contexto a uma expansão semântica, a qual este não teria sido capaz por si mesmo" (Dallenbach, 1977, p. 81, tradução nossa),[34] condição que encontramos em *O espelho partido*.

Essa expansão tem a capacidade de abrir o texto para o seu exterior, desenhando uma direção helicoidal na narrativa, em que cada personagem feminina fornece uma saída para fora do próprio texto, espelhando-se nas mulheres de ficções anteriores. Desse modo, pelos caracteres apresentados, as construções de Aldina, Clotilde, Sabina e Felicidade espelham traços encontrados em Oscarina e Rizoleta. Tal dinâmica pode ser aproximada da distinção dallenbachaniana de *"mise en abyme* transcendental", já aqui comentada.

A função da *"mise en abyme* transcendental" é revelar algo no texto que aparentemente o transcende e reflete dentro da narrativa, sobre o que simultaneamente o origina, motiva, institui e unifica. É um caso paradoxal em que um segmento do texto precede e até engendra o todo.

Em chave teórica semelhante, Jean Ricardou (1978) chama tal caso de *"mise en périphérie"*.[35] O estudioso aposta na ideia de substituição da *mise en abyme* como micro-história de uma macro-história, insistindo na ideia de uma macro-história como *"mise en périphérie"* de uma micronarrativa. Nesse contexto, os acontecimentos contidos na *mise en abyme* não seriam apenas presságios, oráculos ou profecias miméticas, mas "pareceria menos uma operação pressagiosa que uma atividade mágica; seria menos uma

---

[34] Trecho original: *"font subir au contexte une expansion sémantique dont celui-ci n'eût pas* **été** *capable par lui-même"* (Dallenbach, 1977, p. 81).

[35] "colocada na periferia".

expressão antecipada que a base de uma produção" (Ricardou, 1978, p. 54, tradução nossa).[36]

Uma vez reflexiva, a *mise en abyme* conduz ao questionamento do desenvolvimento cronológico como segmento narrativo: "Impedida pelas suas dimensões de caminhar no mesmo ritmo que a narrativa, a única possibilidade que ela possui de equivaler-lhe é a de contrair sua duração e oferecer em um espaço restrito a matéria de todo um livro" (Dallebach, 1977, p. 82, tradução nossa).[37]

Com efeito, Dallenbach aponta a possibilidade de atuação retrospectiva da *mise en abyme*, modo em que o enredo, tal como a serpente ouruborus, devora a sua própria cauda e "parece predestinado a terminar sem concluir" (Dallenbach, 1977, p. 88, tradução nossa).[38] Ou seja, retrospectivamente, Marques Rebelo retoma, em engrenagens helicoidais, as caracterizações de Oscarina e de Rizoleta, de modo a ancorar e reaproveitar os recursos da própria obra para não somente propagar seu conteúdo, mas também intensificá-lo, expressando um sentido implícito e infinito.

Essa disposição de retomada faz da trilogia rebeliana um espaço de profundidade fluida. A narrativa, conduzida por uma instância especular, passa a ocupar o centro de atenção do leitor, visto que vai se desdobrando e dando a ver suas personagens:

> A *mise en abyme* complexifica a obra, e oferece uma das tentativas mais interessantes de lhe insuflar vida, de ao mesmo tempo lhe conferir autonomia e recusando-a, de torná-la simultaneamente dependente e independente, à nossa imagem. (Anker; Dallenbach, 1975, n.p.).

Ora, pode-se dizer que em *O espelho partido*, bem como em *Oscarina* e *Marafa*, cruzam-se dois espaços e tempos distintos, a partir das afinidades e das situações vividas pelas personagens femininas nessas três obras autônomas, mas que dialogam e completam-se.

---

[36] Trecho original: *"il s'apparenterait moins à une opération augurale qu'à une activité magique; il serait moins une expression anticipée que la base d'une production"* (Ricardou, 1978, p. 54).

[37] Trecho original: *"Empêchée de par ses dimensions de marcher au même rythme que le récit, la seule possibilité qu'elle ait de l'équivaloir est d'en contracter la durée et d'offrir en un espace restreint la matière de tout un livre"* (Dallebach, 1977, p. 82).

[38] Trecho original: "[...] *apparaît prédestinè à terminer sans conclure*" (Dallebach, 1977, p. 88).

1.1.6 Lenisa Máier, Neusa Amarante e Glorita Barros

O grupo das mulheres "liberais e desviantes" constitui-se, ainda, por uma variedade de cantoras de rádio e aspirantes a atrizes. Nesse subitem apresentamos as entradas de três cantoras que povoam o imaginário de Eduardo, ainda que *en passant*: Lenisa Máier, Neusa Amarante e Glorita Barros. Geralmente, as radioatrizes mulheres eram moças pobres que se alçavam ao estrelato, pagando o preço de abandonarem suas raízes e ganharem um espaço marcado, ao mesmo tempo, por *glamour* e decadência moral.

No plano geral de *O espelho partido*, o jogo narrativo especular permite entrevermos a incorporação de personagens de obras precedentes, num campo aberto de possibilidades. Lenisa Máier é uma das mulheres desse jogo de espelhos.

Sem o papel de protagonista que ocupara em *A estrela sobe* (1939), Lenisa é mencionada algumas vezes ao longo do diário de Eduardo, apresentando-se como cantora famosa do universo do rádio. Isso se justifica pelo fato de que na trilogia, Marques Rebelo "teve que deixar o pequeno mundo antigo dos subúrbios e sair para o grande mundo em que os destinos coletivos se decidem" (Frungillo, 2001, p. 242). Desse modo, as personagens suburbanas de obras anteriores misturam-se no anonimato, a partir de papéis coadjuvantes na trama.

Com efeito, Eduardo informa-nos, sem muitos detalhes, o caso de Lenisa com Lauro Lago, um político poderoso, além de resgatar a época de sua antiga profissão de "propagandista de um laboratório que só fabricava zurrapas" (Rebelo, 2012, p. 614), quando se relacionara com o médico Oliveira. Na verdade, não só a descrição de Lenisa, mas a de todas as outras cantoras, passa também pela abordagem secundária, apostando no pano de fundo da era do rádio, de forma a expor as glórias e mazelas desse período.

O primeiro momento em que Lenisa é mencionada ocorre no segundo tomo, *A mudança*, quando o narrador focaliza-a cantando na Festa da Música Popular Brasileira, na exposição do Estado Novo, em janeiro de 1939. Ironicamente, vamos tomando conhecimento de seu relacionamento com Lauro Lago, personagem de Lourival Fontes, então diretor do Departamento de Imprensa e Propaganda (DIP):

> Mas ninguém brilhou mais do que a novata Lenisa Maier cantando "Meu consolo é você"..., brilho que se converteu em milhares de cédulas na contagem, consolo que os enten-

didos garantem ser Lauro Lago, que acaba mais ou menos discretamente de anular seu casamento em Paraíba do Sul [...]. (Rebelo, 2012, p. 16).

E assim ficamos sabendo por Eduardo que a ex-esposa preterida "por engraçada coincidência" é Lenisa Pinto,[39] que voltara ao nome de solteira: "criaturinha agitada, ultraelegante, ditadora de modas e permanentemente em foco nos atos de caridade [...] inteligência trepidante e imaginosa [...] por sua contundente veia crítica [...]" (Rebelo, 2012, p. 16). O espelhamento no nome da ex-esposa e da amante confere certo contraponto irônico na caracterização dessas personagens, pois expõe a ex-mulher como "inteligente", "imaginosa", com "contundente veia crítica" (Rebelo, 2012, p. 16), e a amante como cantora "novata" e promovida pelo chefe do DIP.

A próxima entrada dá-se em janeiro de 1940, quando Lenisa surge cantando na *Hora do Brasil*: "Claro está que Lenisa Máier inaugurou o quarto de hora sambístico, que os encarregados da programação não iriam deixar passar a oportunidade de puxar o saco de Lauro Lago, oferecendo ao Brasil estadonovista a eventual predileta do ministro sem pasta" (Rebelo, 2012, p. 192).

Há nessa passagem uma curiosa e divertida mescla entre ficção e realidade, que acaba por sugerir a ausência de fronteiras entre o poder e o mundo artístico em duas esferas, a saber: a "legítima – formada por escritores, pintores e artistas de renome – e a que poderíamos pensar ilegítima – conformando o submundo da boemia, da rádio, do jogo, entre outros" (Paiva, 2015, p. 61).

Portanto, a figuração de Lenisa Máier permite-nos observar o lado mais obscuro do funcionamento do rádio durante o Estado Novo com base em certa dosagem irônica e crítica do autor a respeito das relações de poder. A narrativa de *O espelho partido* obriga-nos a considerar amplos retratos de mulheres de todas as classes sociais e de todos os matizes ideológicos.

A terceira e última menção ocorre em dezembro de 1941, ocasião em que o narrador resgata o fracassado relacionamento de Lenisa com o médico Oliveira, sujeito repleto de dívidas de jogos. O caso é contado a Eduardo por Gasparini, também médico e "testemunha", que descreve e

---

[39] Segundo Valéria Paiva (2015), Lenisa Pinto é o pseudônimo da poeta Adalgisa Nery (1905-1980), que fora anteriormente casada com o pintor Ismael Nery (1900-1934). Em 1953, separou-se de Lourival Fontes, seu segundo marido, e começou a escrever comentários políticos na coluna "Retrato sem retoque", do jornal *A última hora*. Em 1960, foi eleita deputada pelo Partido Socialista Brasileiro (PCB), porém, devido ao golpe militar, teve sua coluna censurada e seus direitos políticos cassados.

julga a personagem: " – Foi paixão braba e cega! Somente ele [Oliveira] não via que aquela garota não valia um pirulito! [...] – insinuante, esgalga, uma cor de pecado, os seios infernais!" (Rebelo, 2012, p. 614). Sexualizada e estereotipada, a caracterização de Lenisa repete a das mulheres retratadas anteriormente e dá margem para pensarmos o submundo das cantoras e aspirantes a estrelas de rádio.

O fim do relacionamento causara dores e imensas mágoas em Oliveira, que quase comete suicídio. Parodiando a quadrilha drummondiana, o narrador sucintamente discorre sobre as dificuldades e os desencontros do sentimento amoroso de um círculo de personagens, enfatizando a solidão dos seres e a imprevisibilidade da vida:

> Quadrilha do amor e do desamor: A suicida adorava Godofredo Simas, que se enrabichara por Neusa Amarante, que recusara o coração de Pérsio Dias, mas aceitara a meia caftinagem de Olinto do Pandeiro; Lenisa Pinto dedicara-se a Lauro Lago, que se enfastiara depressa de Lenisa Máier, que repudiara José Carlos de Oliveira e só amava a si própria. (Rebelo, 2012, p. 613).

A relação paródica aqui estabelecida funciona como uma espécie de jogo para o leitor de O espelho partido, permitindo que ele persiga respostas para os enigmas presentes na narrativa. Como no famoso poema, as relações amorosas também surgem como uma dança em que os pares estão trocados e os sentimentos estão longe de serem correspondidos. Nessa quadrilha, cumpre destacar a autonomia e a indiferença de Lenisa Máier, mulher que "só amava a si própria".

Inevitável ligá-la aqui com a Lili da quadrilha de Drummond, "que não amava ninguém", casando-se com J. Pinto Fernandes, nome que denota provavelmente uma designação comercial e não uma pessoa. Portanto, em O espelho partido e A estrela sobe, Lenisa aceitou a fama e as benesses intempestivas da carreira.

Nesse caso, a *mise en abyme* opera em função da retomada de antigos personagens em paródia, ampliando significações. Pode-se dizer que a paródia permite a articulação de várias nuances no diário de Eduardo.

Por meio de Lenisa, em *A estrela sobe* (1939), Marques Rebelo desnuda o cotidiano das cantoras de rádio, mulheres que se destacavam como as principais atrações das revistas e demais mídias da época. Na voz dessas figuras estavam canções que abordavam o amor ou a ausência dele como temáticas essenciais.

A propósito, é pertinente mencionarmos os concursos que elegiam as "rainhas do rádio", realizados entre 1937 e 1958. Nesse ínterim, 10 "rainhas" foram eleitas e colocadas em evidência no cenário musical. Entre elas, a cantora Linda Batista (1919-1988), irmã da também cantora Dircinha Batista (1922-1999).

"Maioral do samba", como era conhecida, Linda era muito popular e em 1937 foi a primeira cantora a ganhar o título de "rainha do rádio", mantendo-o por 11 anos consecutivos. No auge da fama as irmãs Batista chegaram a ser chamadas de "patrimônio nacional" por Getúlio Vargas e foram campeãs de vendas de discos até a década de 60. Entretanto chegaram ao fim de suas carreiras com dificuldades financeiras, além de muitos outros reveses, como brigas, escândalos e problemas de saúde.

Além delas, é inevitável mencionarmos Carmen Miranda (1909-1955), "a pequena notável" (por ter apenas 1,52 m de altura), expoente internacional da música brasileira entre as décadas de 1930 a 1950, cuja biografia tem muitos pontos de contato com a personagem Lenisa Máier. Tal como Lenisa, a mãe de Carmen era proprietária de uma pequena pensão no centro do Rio de Janeiro; Carmen trabalhou em lojas de chapéus (a personagem de Rebelo era vendedora), era atraída por música e teve o final trágico por dependência química. As trajetórias das cantoras aqui citadas revelam vidas anuladas em nome do *glamour* do rádio, indústria capaz de engrenar mundos efêmeros e ilusórios.

Em *A estrela sobe* (1939), a prostituição e o destino trágico estão fortemente presentes na caracterização de Lenisa Máier. Pode-se dizer que ela encarna a mulher que ambiciona abandonar o espaço doméstico para brilhar como cantora de rádio. Lenisa é oriunda do mesmo ambiente suburbano das outras personagens femininas, porém almeja a fama, deixando de lado a inocência do bairro da Saúde, onde mora, e acaba por prostituir-se após vivenciar a realidade cruel do mundo das cantoras.

Para tanto, rejeita o casamento, negando-se ao compromisso, mesmo que ele lhe garanta estabilidade e respeitabilidade social. Desse modo, Lenisa "faz parte de um grupo de mulheres deslocados no romance brasileiro de 30, em desacordo com o papel já estabelecido na formação patriarcal entre casamento e maternidade, que as colocaria na situação invisível de dona-de-casa [...]" (Vidal, 2002, p. 25).

Assim, ela acostuma-se a usar a seu favor a sensualidade, negando os princípios morais da mãe; fará um aborto, desligando-se por completo do núcleo familiar, e perdendo a consideração de dona Manuela. Típica dona de casa, a mãe dedicava-se ao bem-estar de Lenisa. Muito semelhante à dona Carlota, mãe do protagonista Jorge, de *Oscarina*, dona Manuela teve um passado de submissão e tolerância aos gostos e aventuras do marido, um relojoeiro imprevidente, cheio de dívidas e dado ao vício do jogo. Por isso sonhava com um casamento vindouro para a filha, adequado aos padrões pequeno burgueses.

Todavia, abandonando os desejos da mãe, Lenisa transita por novos espaços da cidade do Rio de Janeiro em busca do estrelato, ampliando os cenários abordados por Marques Rebelo anteriormente em *Marafa* (1935). Muitos bairros são descritos com o intuito de narrar o itinerário da protagonista: Flamengo, Copacabana, Centro, Glória, Laranjeiras, Botafogo, Tijuca, Encantado, São Cristóvão etc. Para isso, "*a estrela sobe* representa uma transição dos quadros suburbanos dos contos e romances anteriores para o grande painel de *O espelho partido*" (Frungillo, 2001, p. 48, grifos nossos).

O procedimento desse jogo de espelhos em *O espelho partido* constrói a narrativa misturando diferentes instâncias e alargando a significação textual. As três breves entradas de Lenisa, que se desenrolam em segundo plano no diário de Eduardo, vão se integrando à narrativa principal.

Importa observar que em *A estrela sobe*, Lenisa terá um final tão solitário quanto o de Rizoleta, de *Marafa*, e tão vazio quanto o da cabrocha Oscarina, procurando em vão encontrar um sentido para a vida que resta, após recuperar-se do aborto: "O remorso lhe apontou: para que insistir? Tudo passara mesmo. Seu destino era outro. Era caminhar, caminhar sempre, subir sempre..." (Rebelo, 2001, p. 114).

Resignada em seus dilemas, lembra-se da mãe, que procurara um sodalício para viver, e da igreja do Rosário, local em que fora batizada. Então, dirige-se para a igreja, mas encontra as portas fechadas: "*O céu não me quer!*" *(Rebelo, 2001, p. 115)*. A partir desse momento, é também abandonada pelo narrador, que se recusa a narrar, deixando o desfecho em aberto quanto à sua sorte. Com efeito, o inacabamento arbitrário resulta no final aberto e contingencial ocupado pela suspensão do tempo e da escrita, afinando-se ao inacabamento presente no conto *Oscarina*:

> [...] não há no romance uma conversão final como a que se daria, digamos, num romance fechado. [...] não há uma conversão, que, na situação dela, poderia ser adesão conservadora ao mundo da mãe, mundo propriamente de anulação

> da mulher. O romance termina de modo muito claro, uma unidade que se faz com a mudança decisiva de vida para Leniza: o rompimento definitivo com a mãe e o mundo que ela representa – lembre-se, nesse sentido, o lamento da personagem na noite insone – caminhando com "os passos mais firmes, sempre mais firmes em direção a rádio". (Vidal, 2002, p. 66).

Não só Lenisa, mas todas as personagens femininas até aqui descritas denunciam, cada uma ao seu modo, o mundo a que estão condenadas, independentemente de suas classes sociais, ideologias ou idades. Embora apresentem diferenças entre si, tais mulheres mantêm traços que as unificam. O autor dramatiza a existência de um mundo com poucas possibilidades de realização para as mulheres e aqueles que as acompanham, mundo que inviabiliza de maneira direta a utopia, uma vez que todas as esperanças e ambições são esmagadas, caracterizando uma série de personagens que se debatem na busca frustrada de sentidos e horizontes.

Frustradas também são as trajetórias das demais cantoras que surgem ao lado de Lenisa em *O espelho partido*. Neusa Amarante, personagem que já aparecera em *A estrela sobe*, e Glorita Barros, são descritas como mulheres frívolas e impulsivas, que chegaram ao estrelato por meio do jogo de interesses e da prostituição. Ambas aparecem brevemente no primeiro e no segundo tomos.

Neusa Amarante é descrita como antiga cozinheira e amante do viúvo Godofredo Simas, redator de jornal. No primeiro tomo, Eduardo insinua que Godofredo atribuía a ela excessiva publicidade de estrela nas páginas de seu periódico. Além do caso com Godofredo, Neusa vivia "oficialmente" com Olinto do Pandeiro e tinha "um corpo picante, um molejo comprometedor. O que a entrega é a boca suja" (Rebelo, 2002, p. 322). A cantora também é mencionada no mesmo volume, quando Eduardo narra o velório de Noel Rosa (1910-1937), oferecendo ao mesmo tempo um breve painel do universo do rádio e a influência da personagem:

> Neusa Amarante, que andava rompida com ele – sujeiras de rodinhas malandras, intruiguinhas de botequim –, portou-se com decência e com coroa. (Rebelo, 2002, p. 239);

> [...] quem não for da panelinha da Neusa não arruma nada. É uma vergonha! (Rebelo, 2002, p. 408).

No segundo tomo, Eduardo chega a encontrá-la pessoalmente, sendo apresentado por Godofredo Simas:

> As fotografias publicitárias favorecem bastante a cantora. Pessoalmente impressiona menos – feições grosseiras, olhar de soberba, modos pouco polidos, jóias em demasia, os lábios gordos, de rasgado corte, lembrando a boca de Zuleica, possivelmente má, portanto. Mas o todo cativa, tem a sedução da carne ainda moça. E Godofredo já é um varão passado e usado. (Rebelo, 2012, p. 36).

A impressão de Eduardo sobre as feições de Neusa Amarante confirmam a caracterização desviante, na medida em que ressalta os aspectos negativos e grotescos da personagem, oferecendo, ao mesmo tempo, o retrato dos mecanismos tortuosos que tais mulheres utilizavam para alcançarem a fama. O discurso de Eduardo denota o conceito moral da época em torno das mulheres que trabalhavam no rádio, quando tais artistas chegavam à prostituição e não eram consideradas trabalhadoras.

Essa impressão continua com as rápidas menções a Glorita Barros, quando Eduardo a caracteriza como cantora famosa e conhecida nacionalmente. No passado fora prostituta, "táxi-girl[40] de escola de dança" (Rebelo, 2002, p. 266). Rival de Neusa Amarante, Glorita surge cantando na Festa da Música Popular Brasileira já mencionada, com canções "chinfrins": "[...] procedeu como condigna rival e espalhou na plateia a sua gritadeira compinchanda, todavia como as músicas que lhe tocaram na competição momesca são para lá de chinfrins, não chegou a ameaçar as primeiras colocações [...]". (Rebelo, 2012, p. 16).

As descrições das figuras femininas aqui faladas emergem do desdobramento narrativo e das operações de retomada, sobretudo quanto a Lenisa Máier e Neusa Amarante, personagens que já apareceram em *A estrela sobe*.

A exploração de universos ficcionais distintos oferece-nos uma pluralidade de níveis de leitura. A configuração multidimensional e o isomorfismo dos diferentes níveis narrativos (diegético, intradiegético, metadiegético) são orquestrados segundo uma poética eminentemente especular. Para alcançar essa meditação profunda e lúdica sobre o estatuto da obra ficcional, Marques Rebelo emprega um rico arsenal de artifícios composicionais.

No contexto teórico da *mise en abyme*, escrever significa reescrever, ato que registra a criação continuada, espécie de jogo de espelhos responsável pelo aspecto lúdico da literatura. Assim, referências e modelos são colocados em cena, dando novos sentidos à apropriação. Em *O espelho*

---

[40] Dançarina de aluguel.

partido, as personagens reaproveitadas viabilizam uma espécie de mosaico textual, composto por vários textos e marcado pela pluralidade de uma escrita nômade, descentralizada. Um dos diálogos de Eduardo com o espelho confirmam essa ideia: "Reforço os meus temores de ontem. Não é *O espelho partido*. É *O espelho partidíssimo*" (Rebelo, 2002, p. 346, grifos nossos).

O procedimento de retomada das personagens permite ao autor a descoberta de uma forma de construção pautada na dinâmica entre o mesmo e o outro. Parece confirmar-se, então, a hipótese de que a *mise en abyme* manifesta-se como autotextualidade, isto é, um conjunto de relações possíveis que um texto mantém consigo mesmo, circunscrito pelo processo de reduplicação interna. Esse processo atinge a especularidade e tem como marca a "citação de conteúdo ou o resumo intratextual" (Dallenbach, 1979, p. 54), cuja dimensão surge como o resultado de uma preocupação crítica: "Pela integração das obras imaginárias e de citações, o livro se divide em um objeto ao mesmo tempo observador e observado, literário e metaliterário" (Dallenbach, 1972, p. 56, tradução nossa).[41]

Desse modo, o processo de escrita decorrente da *mise en abyme* instaura em *O espelho partido* a procura pelo próprio ato criador que envolve a escrita. Espécie de construto artístico e crítico, a obra literária *en abyme* torna-se um objeto "olhante e olhado", que questiona e é também questionado.

1.1.7 Maria Berlini e Júlia Matos: desdobramentos em Lenisa

Maria Berlini e Júlia Matos fazem parte do grupo das "desviantes", sendo caracterizadas como aspirantes a atrizes e a cantoras de rádio. Em linhas gerais, pelas operações de retomada, ambas irão espelhar traços da trajetória e do comportamento de Lenisa Máier.

A primeira entrada de Maria Berlini no diário de Eduardo ocorre no tomo I, a 18 de novembro de 1936, quando, *in medias res*, ele relembra o relacionamento que durara seis meses, até o dinheiro dele acabar, e o encontro que teve com ela num restaurante, quando ela já havia deixado a carreira de radioatriz, que nunca passara apenas de fazer pontas.

Um dos efeitos provocados pela utilização do recurso *in medias res* é deixar o relato de Eduardo mais dinâmico, de modo a conquistar a atenção do leitor pela antecipação do assunto. A propósito, nesse episódio, o nar-

---

[41] Trecho original: *"Par l'intégration d'oeuvres imaginaires et de citations, le livre se divise en un objet à la fois regardant et regardé, littéraire et métalittéraire"* (Dallenbach, 1972, p. 56).

rador apresenta maior profundidade de reflexão quanto à passagem do tempo, de maneira que a atividade perceptiva faz-se de modo mais objetivo e mais distanciado. Essa reflexão é tomada a partir da descrição física de Maria Berlini:

> [...] a sua carnadura já perdera visivelmente a rigidez, a frescura, meu Deus, a mocidade! E em torno dos olhos, de penetrante verde, nas têmporas, nas asas do nariz, surgiam os extemporâneos indícios de suas lutas, dos seus sofrimentos, das suas dissipações – gretaduras, manchas, empapuçamentos, que os cremos de beleza não removiam, não revitalizavam. [...] A mocidade vai com muita sede ao pote [...]. (Rebelo, 2002, p. 150).

Depois, Maria Berlini reaparece no segundo tomo, em 7 de agosto de 1940, quando Eduardo relata o modo como a conhecera, em um bazar da Rua do Catete, na ocasião em que ela comprava um bloco de papel de carta. O narrador lá estava para uma cobrança solicitada por Loureiro ao proprietário do estabelecimento.

Eduardo, então, descreve-a com uma "beleza sadia, popular, mal-educada" (Rebelo, 2012, p. 312), além de ressaltar seus sapatos extravagantes, seu ritmo requebrante, com pernas e tornozelos grossos. Ela morava na pensão de dona Eponina, local frequentado para jogo de pôquer, e estava tentando ser atriz de teatro. Era paulista de Guará; o pai morava em São Paulo, onde era funcionário num escritório de café: "Tento o teatro. Adoro o teatro! Vim para aqui por isso. Em São Paulo seria impossível. Nem teatro há. As companhias todas vão do Rio" (Rebelo, 2012, p. 314).

Finalmente, em 30 de maio de 1943, já no terceiro tomo, Eduardo relata o fim de seu caso com Maria Berlini, ressaltando de modo cômico a atitude franca e despreocupada dela, "sem ser grosseira":

> – Sabe? Acabou-se o que era doce. Arranjei um coronel. Coronel no duplo sentido. É um tanto escavacado, um tanto pelancudo, mas cheio da erva e sem compromissos. Cansei de querer pastar no asfalto. Vou tocar corneta em outro quartel. – Perfilou-se gracilmente: – Nasci para prostituta, morrerei prostituta. (Rebelo, 2012, p. 237).

A decisão não choca o narrador, que já se acostumara ao "mundo sem surpresas" de Maria Berlini. Da mesma forma, Eduardo concentra-se-rá no mundo de outra mulher aspirante à carreira artística, Júlia Matos, irmã do colega Jurandir, empregado da repartição.

Júlia Matos aparece no primeiro tomo, quando Eduardo visita Jurandir, que estava enfermo. Com 12 anos de idade na ocasião, a menina é descrita como esperta e atraente, de "arzinho petulante" (Rebelo, 2002, p. 133). Seu gosto pela leitura chama a atenção de Eduardo: "– Se a gente deixasse, ela varava a noite, de luz acesa, agarrada aos livros" (Rebelo, 2002, p. 133). Assim, ele envia para ela o livro *Meu tio e meu cura*, de Jean de La Brète (1858-1945). Tempos depois, ela envia para Eduardo, na repartição, um cartão de Natal com dois pombos se acariciando num galho. Envergonhado, Eduardo resolve não comentar com Jurandir: "Enfiei-o na gaveta e não sei que sumiço levou" (Rebelo, 2002, p. 169).

A presença de Júlia colabora estrategicamente para uma parcela de suspense na narrativa de Eduardo, que faz com que o leitor imagine um possível reencontro no futuro. De fato, isso ocorrerá no tomo terceiro, com a personagem já na vida adulta e tentando a carreira de atriz.

Ela é apresentada como Júlia Tovar, nome artístico. Suburbana, Júlia morava com os pais em "Todos os Santos" e trabalhava como datilógrafa num escritório de advocacia, além de estudar no Conservatório Dramático. Eduardo caracteriza-a como uma mulher de 20 anos, muito mais nova do que ele, com maquiagem exagerada e traços grosseiros:

> [...] um pouquinho gorda, veio com vestidinho de xadrez, a carnação mate, os lábios grossos pela pintura transbordante, os olhos escuros e buliçosos por trás de cílios pingando rímel. [...] Gostava de beber, conhecia dezenas de marcas de cachaça – Pitu, Morena, Crioula, Miçoroca, divinas! Saboreava a bebida em pequenos goles, observando o fundo do cálice, dando uma espécie de suspiro quando terminava. Tinha os dedos macios e aristocráticos e deploráveis anéis de fantasia. [...] não gostava de ficar de perfil, pois o narizinho denunciava-se em toda a sua mesquinhez. (Rebelo, 2009, p. 282-290).

O comportamento e a maquiagem incidem sobre um corpo feminino quase grotesco. Na descrição de Júlia, o narrador ressalta a sina das mulheres "desviantes" da época, aspirantes a cantoras e atrizes. Ao mesmo tempo, a passagem salienta a necessidade do trabalho feminino para a manutenção das despesas e a desconfiança dos familiares a respeito da carreira artística

> – Mas eu perguntei se os velhos estão ainda muito ranzinzas. Você não respondeu.

– Já entraram na linha do ramo vento. Custaram, mas entraram. Claro que tive de apelar para um emprego que fosse me dando a liberdade... Fui saindo de fininho... Mas ainda estou no emprego. (Rebelo, 2009, p. 283).

Nas concessões feitas pelos pais, o trecho revela uma abordagem realista da situação. O caráter pragmático das mulheres aspirantes a atrizes e pertencentes às classes mais pobres é perceptível no desenvolvimento do enredo de *O espelho partido*, dado que na instância familiar, considerando o espaço pouco promissor para essas mulheres, havia a reprodução de um discurso preconceituoso, que rapidamente ligava a carreira artística à mácula da prostituição: "Os pais, porém, deram o contra com a maior ferocidade! Era como se ela quisesse entrar para o Mangue... E começou a sua lutinha" (Rebelo, 2009, p. 288).

O diminutivo "lutinha" é significativo e demonstra que Marques Rebelo constrói um painel rebaixado em relação aos dilemas enfrentados por atrizes e cantoras, no qual emerge uma realidade opressora determinada principalmente pelo assédio, prostituição e preconceito quanto a esse tipo de trabalho: "[...] as cantadas foram numerosas e houve algumas tentativas de apalpações" (Rebelo, 2009, p. 288).

A "mesquinhez" de Júlia incomodará Eduardo, a ponto de ele querer moldá-la, tanto em relação à forma de se vestir quanto a de se comportar. Nesse sentido há uma passagem emblemática em que Eduardo evidencia o exagero de suas vestes: "Apanhei-a na porta do apartamento da amiga. Ostentava um vestido de grande e redondo decote, que mostrava demais o colo, vestido cor de coral, jeca, jeca, furiosamente jeca, e brincos enormes" (Rebelo, 2009, p. 294). No início, ela acata e diz que tomará nota. Nesses termos, o narrador, satisfeito com as mudanças, relata:

> O entendimento é coisa que se afina como um violino, um violão, uma guitarra. Júlia já deu fim aos anéis de quinquilharia, aos brincos escandalosos, já não examina o interior dos sanduíches, já manipula os talheres com precisão, o dedo mindinho menos levantado. (Rebelo, 2009, p. 300).

A passagem faz emergir, no discurso de Eduardo, o tom de dominação e de distanciamento entre os gêneros. O termo pejorativo "jeca" indica que Júlia não estava dentro dos padrões reconhecidos pelos homens e pela sociedade em relação às mulheres, além de revelar o quanto elas não tinham empoderamento e não podiam fazer suas escolhas, por mais básicas que fossem, desde a forma de vestir-se ou de comportar-se.

Ademais, a comparação do entendimento de Júlia afinado como a um violino, violão ou guitarra, remete, inevitavelmente, à imagem da mulher ideal e à figura do instrumento, colocado como forma de objetificação da mulher. Em linhas gerais, tais instrumentos musicais, quando comparados ao corpo feminino, contribuíram para a difusão de estereótipos no imaginário popular, com o padrão do corpo "perfeito" e, por extensão, para a manutenção de discursos machistas.

Júlia termina por escapar às influências de Eduardo, colocando um ponto final também no relacionamento: "Explodiu! Foi em plena rua abrasadora, prenunciando temporal de gestos desabridos e chulas expressões recalcadas, alheia ao olhar curioso ou divertido dos transeuntes [...]" (Rebelo, 2009, p. 559). O alívio pelo término é sentido por Eduardo no tomo quatro (incompleto), quando escreve, a 14 janeiro de 1945: "[...] sumiu no calor da própria cidade, grande bastante para que tal suceda, tanto mais que nossas ocupações e horários favorecem o desencontro. É bom que seja assim – como o alívio de quem se livra de um sapato apertado" (Rebelo, 2009, p. 577).

Portanto Júlia tem o mesmo final de Aldina e Lenisa, sendo engolida pela cidade. A imagem do Rio de Janeiro como cidade grande, tentacular, é recorrente em *O espelho partido*, e imagens como a da prostituta ou da mulher fora dos padrões surgem aí imbricadas dentro de uma parcela coletiva, que é a das massas. Assim, elementos de representação da cidade carregam aproximações muito intensas com algumas das personagens femininas.

A presença de Júlia retoma a de Aldina, sentida por Eduardo durante o baile de carnaval: "Tomando o braço de Júlia com um vago cheiro a lança-perfume, renovo o braço de Aldina – a mesma tepidez, a mesma sedosidade, os mesmos estremecimentos, a mesma perturbação –, o prazer é a saudade do prazer" (Rebelo, 2009, p. 381).

O jogo de espelhos continua, na medida em que Eduardo compara o comportamento de Júlia ao de Maria Berlini:

> Se Maria Berlini, a provinciana, sempre foi a ignorância a caminho da cultura, com todos os conflitos e malogros que gera tal trajetória, Júlia, a suburbana, é a vibrante incultura a caminho de mais incultura, com todas as arrogâncias que surtem da empreitada, estrumadas por um temperamento de ventoinha. (Rebelo, 2009, p. 436).

Dessa forma, nessas duas mulheres cruzam-se dois espaços e tempos distintos, a partir dos contrastes e das afinidades em situações vividas em relatos autônomos, mas que se completam. Pela multiplicidade de universos e realidades, abre-se uma cadeia prismática bastante complexa entre as personagens.

Em suma, o enredo de *O espelho partido* coloca *en abyme* os códigos social, cultural e mundano descritos no microcosmo da era do rádio. Ao longo do diário de Eduardo existe um tom de denúncia das condições precárias impostas às cantoras e atrizes da época. Pode-se dizer que Marques Rebelo incorpora uma representação crítica, apontando, por meio das personagens femininas, as mazelas do universo radiofônico, conhecimento possivelmente aprimorado durante sua presença, em 1952, como presidente da Rádio Clube do Brasil,[42] de acordo com Luciano Trigo (1996).

Sobre a relação da *mise en abyme* com a esfera social, Véronique Labeille (2011, p. 12, tradução nossa) argumenta que "o espelho da *mise en abyme* se apresenta sobre os curiosos aspectos do espelho deformante ou da anamorfose. Nas anamorfoses, a descoberta do assunto encoberto/oculto supõe encontrar o ângulo de visão adequado".[43] Além disso, o espelho, quando inserido em tecido narrativo antimimético, contribui para criar aporias. Uma característica intrigante de sua estrutura é a sua impenetrabilidade que, se violada, implica a destruição da imagem refletida.

Na visão da estudiosa, para que o espelho não reduza o espectro de análise da *mise en abyme*, é interessante "quebrá-lo" e substitui-lo pela imagem prismática, já aqui comentada. Mais do que um mero espelho, o prisma oferece ângulos diversos pela reduplicação, separação, bifurcação de cores e de elementos, favorecendo a análise do conteúdo social da obra de arte.

De fato, o aspecto social é elemento que desempenha papel primordial na constituição do texto literário, e muitas personagens são representações das estruturas vigentes, questionando, por vezes, as funções preestabelecidas pela sociedade. Conforme explica Antonio Candido:

---

[42] Emissora de rádio carioca, inaugurada em 01 de outubro de 1924 e fundada por Elba Dias, funcionário dos Telégrafos, que havia recebido autorização do governo para adaptar uma emissora telegráfica de quinhentos *watts*, dando início à nova rádio, instalada em frente ao Largo da Carioca, no alto da Livraria Globo. Cantores como Francisco Alves, Linda e Dircinha Batista, as irmãs Pagãs e o conjunto regional de Benedito Lacerda, entre outros, faziam parte do *cast*. Em 1951, foi adquirida por Samuel Wainer, proprietário do jornal governista Última Hora. Já em 1952, o superintendente passou a ser Sérgio Vasconcelos, data em que Marques Rebelo assumiu o controle acionário, em uma estratégia de Wainer para driblar seus inimigos políticos. Disponível em: www.cpdoc.fgv.br. Acesso em: 18 set. 2023.

[43] Trecho original: *"Le miroir de la mise en abyme se présente sous les aspects étranges du miroir déformant ou de l'anamorphose. Dans les anamorphoses, la découverte du sujet caché suppose de trouver l'angle de vision adéquat"* (Labeille, 2011, p. 12).

> [...] levamos em conta o elemento social, não exteriormente, como referência que permite identificar, na matéria do livro, a expressão de uma certa época ou de uma sociedade determinada; nem como enquadramento, que permite situá-lo historicamente; mas como fator da própria construção artística, estudado no nível explicativo e não ilustrativo. (Candido, 2006, p. 16).

Ainda que esteja abordando os embates presentes na trama de *Senhora* (1875), de José de Alencar, a citação de Candido mostra-nos a importância do aspecto social para o texto literário. A sociedade, muito mais do que mera influência, conforma e compõe a arte ficcional, ainda que pelas entrelinhas, camuflada pelos artifícios da arte. Esse aspecto também é levado em conta pelo crítico, que nos alerta para a "relação arbitrária e deformante que o trabalho artístico estabelece com a realidade, mesmo quando pretende observá-la e transpô-la rigorosamente, pois a mimese é sempre uma forma de poiese" (Candido, 2006, p. 21).

O elemento social constitui, portanto, um exercício de representação e criticidade, que pode apresentar diversas nuances, desde o documental ao irônico, sem a exigência de fixar-se em um dos lados.

Se refletirmos acerca do período mencionado, é possível constatar que o rádio brasileiro estabeleceu-se como um veículo de comunicação privado, sujeito às regras de mercado e controlado pelo estado, ocasionando muitos obstáculos para os seus funcionários.

De acordo com Calabre (2004), nos primórdios do universo radiofônico brasileiro, os artistas apresentavam-se ao vivo, porém quase sempre sem remuneração, e as emissoras buscavam formas de superar esses problemas com patrocínio para os seus programas. Tais dificuldades são retratadas primordialmente em *A estrela sobe*, quando Marques Rebelo, por intermédio de Lenisa, mostra-nos as muitas formas que as cantoras utilizavam para seus sustentos, muitas vezes com a prostituição, acarretando todo o tipo de preconceito por parte da sociedade em relação ao trabalho nas emissoras de rádio. Pode-se dizer que essa visão crítica atravessa a obra rebeliana, ganhando espaço nos tomos de *O espelho partido* por meio das personagens femininas duplicadas, aspirantes a radioatrizes.

As apresentações de Maria Berlini e de Júlia Matos permitem confirmar a tipologia introduzida por Lucien Dallenbach (1977) quanto às *mises en abyme* prospectiva e retroprospectiva. A primeira reflete antes do final o que está por vir, antecipando acontecimentos; e a segunda reflete o enredo, revelando tanto os acontecimentos anteriores como os posteriores ao ponto em que se narra. O modo retroprospectivo pode voltar-se sobre o contexto, atuando sobre a continuação do texto.

Com esses procedimentos, o narrador Eduardo pode decidir a velocidade e o modo como vai apresentando os fatos. O entrelaçamento desses recursos opera-se de acordo com as circunstâncias narradas, ora como presságios que acabam por neutralizar-se, servindo apenas de engodo ao leitor, ora como confirmações do enredo e das caracterizações das personagens.

No caso de Júlia Matos, podemos refletir acerca do "anel programático" da *mise en abyme* prospectiva. Esse procedimento caracteriza-se por duplicar a narrativa a fim de acelerá-la, utilizando um programa narrativo que tem por função prenunciar os acontecimentos futuros: "Voltando à reflexão anterior e submetendo-a à catálise, mantendo o programa que a anuncia e detalhando o seu conteúdo, tal é a margem de manobra que lhe é concedida" (Dallenbach, 1977, p. 83, tradução nossa).[44]

Conforme explicita Dallenbach (1977), o caso de Agatha Christie (1890-1976) em *E não sobrou nenhum* (1939) é o melhor exemplo. Essa ficção traz uma espécie de trova infantil que pressagia, a cada estrofe, de modo dramático, todas as 10 mortes que ocorrerão no desenrolar da narrativa. Os presságios dramatizam as ações dos personagens, conduzindo o leitor a deparar-se pouco a pouco com o mistério do enredo.

No **âmbito** do diário rebeliano, o narrador oferece-nos pequenas pistas em torno de seu futuro caso com Júlia, que surge também aos poucos, primeiramente na infância, com 12 anos de idade, e posteriormente na fase adulta, como mulher de 20 anos. Tais pistas, ao mesmo tempo que se dispersam ao longo dos três tomos, também representam a unificação dos fragmentos. Portanto a *mise en abyme* acaba por fragmentar a unidade metonímica da obra, segundo uma estratificação de narrativas metafóricas, dotando-a de uma estrutura forte e, assim, assegurando-lhe um significado superior: "Tal é seu papel antitético: a unidade, ela a divide, a dispersão, ela a une" (Ricardou, 1978, p. 75, tradução nossa).[45]

Nesse sentido, se a *mise en abyme* é o "outro no texto", desafia-se a reivindicação do texto dominante para a totalidade e interrompe a ordem consecutiva que tal totalidade implica, não é tanto para incorporar o seg-

---

[44] Trecho original: "*Faire retour sur cer reflet antérieur et le soumettre à une catalyse, tenir le programme qui l'annonce et en détailler les matières, telle est la marge de manoeuvre qui lui est consentie*" (Dallenbach, 1977, p. 83).

[45] Trecho original: "*Tel est son rôle antithétique: l'unité, elle la divise, la dispersion, elle l'unit*" (Ricardou, 1978, p. 75).

mento refletor e, sim, para preencher a costura entre esse segmento e o todo que o incorpora; para compreender, ao mesmo tempo, o segmento particularista por um lado e o texto totalizador por outro.

Dallenbach (1977) completa o raciocínio ao propor os conceitos de *mise en abyme* inaugural e *mise en abyme* terminal. A primeira consiste em apresentar os fatos que serão retomados ao longo das narrativas como uma espécie de premonição do que ainda virá; a segunda caracteriza-se por confessar o que antes não estava totalmente revelado: "Se a *mise en abyme* inaugural diz tudo antes de a ficção realmente decolar, a *mise en abyme* terminal não tem mais nada a dizer além da repetição do que já é conhecido" (Dallenbach, 1977, p. 87, tradução nossa).[46]

Assim, o narrador Eduardo cumpre o papel de revelar as estratégias articuladas durante o enredo, rompendo a ordem cronológica ao permitir que passado, presente e futuro tornem-se instâncias indivisíveis. Estamos diante de um mosaico de figuras femininas, em que todas as personagens tornam-se reflexos de outras identidades, ao modo de uma transmigração de mulheres que se repete na temporalidade de *O espelho partido*, que é cíclica, por sinal, configurando a *mise en abyme*. Conforme expõe Dallenbach (1977, p. 93-94, tradução nossa):

> "Toda obra de arte", escreveu Flaubert, "deve possuir uma ponta, um cume, constituindo-se em pirâmide, ou há de projetar a luz em algum ponto da esfera. Nada parecido com a vida. Mas a Arte não está na Natureza!".[47] Profunda observação, a partir da qual resulta possível compreender que, ainda indicando a outorgar-se como "cume", certos relatos retrocedem diante da admissão da artificialidade que supõem o excesso de simetria, preferindo deslocar suavemente, para a esquerda ou para a direita, as suas narrativas em abismo, situando-as na seção áurea, ou inclusive mais além, quando o que se pretende é um final dramático – a não ser que optem por fragmentar a narrativa, submetendo-a diversas manifestações ou acrescentando-lhes outra.[48]

---

[46] Trecho original: "*Si la mise en abyme inaugurale dit tout avant que la fiction n'ait véritablement pris son départ, la mise en abyme terminale n'a plus rien à dire hormis la répétition de ce qui est déjà su*" (Dallenbach, 1977, p. 87).

[47] FLAUVERT, G. *Extraits de la correspondance ou Préface à l avie d'écrivain*. Paris: Éd. du Seuil, 1963, p. 288.

[48] Trecho original: '*Toute oeuvre d'art, écrivait Flaubert, doit avoir un point, un sommet, faire pyramide, ou bien la lumière doit frapper sur un point de la boule. Or rien de tout cela dans l avie. Mais l'Art n'est pas dans la Nature!. Remarque profonde à partir de laquelle il devient possible de comprendre que, tout en visant à se donner un 'sommet', certains récits reculent devant l'aveu qu'une trop rigoureuse symétrie ferait de leur artificialité et se montrent enclins à déporter légèrement leur mise en abyme sur la gauche ou sur la droite, à la section d'or, voire au-delà quando ils entendent se donner une fin dramatique – à moins qu'ils ne se resolvente à la morceler, à la soumettre à diverses occurrences ou à lui en ajouter d'autress* (Dallenbach, 1977, p. 93-94).

É perceptível que a importância da *mise en abyme* mede-se pelo seu rendimento enquanto recurso narrativo, pois esse será tanto mais alto quanto perceptível quando se amplia e associa-se a outros reflexos.

1.1.8 Dagmar, Catarina, Lobélia, Madalena, Solange e Cinara: desdobramentos em Zuleica e Stela

O fim do relacionamento com Júlia abre espaço para que Eduardo reencontre Dagmar, antiga amante. Ela estava casada pela segunda vez e tinha dois filhos.

O reencontro dá-se no cenário romântico da Confeitaria Colombo, ocasião em que ambos travam demorada conversa a respeito do passado e relacionamentos frustrados. Antes desse reencontro, Eduardo refere-se a ela como uma das "mulheres mortas" de sua vida.

Dagmar é caracterizada como "rebolativa, esvoaçante, os cabelos tingidos de cobre, as pernas perfeitas, o vestido provocantemente justo, o busto provocantemente seminu [...]" (Rebelo, 2009, p. 525). Mais uma vez, a descrição ressalta os traços físicos e sensuais da personagem feminina. Predomina o olhar mecânico de Eduardo para o corpo feminino objetificado, preparando uma espécie de preâmbulo para a abordagem masculina verificada posteriormente no enredo: "[...] acendeu o perolino sorriso, estendeu a mão de dedos moles onde cintilava a aliança de platina e brilhantes. [...] – Até as pedras preciosas se encontram!... – abracei-a, e o corpo era queimoso, macio, remembrante" (Rebelo, 2009, p. 525).

Na Confeitaria Colombo, Eduardo observa, atento, os espelhos que multiplicavam a imagem de Dagmar: "Os imensos espelhos me mostravam dezenas de Dagmares – de frente, de lado, de costas, todas resplendentes. Mas eram seus olhos, de pálpebras levemente arroxeadas, que centripetamente me arrastavam, avivando a desterrada fascinação" (Rebelo, 2009, p. 527).

Para nosso estudo, a aparição do espelho na cena não é casual. Sendo uma das principais linhas de força da *mise en abyme*, o espelho é um instrumento de cópia da imagem, de reflexão, de duplicação de Dagmar, personagem dissociativa. A matéria da duplicação, que aparece copiosamente na trilogia, encontra no espelho uma metáfora propícia.

A imagem das "dezenas de Dagmares" dilacera a inquietude de Eduardo, sugerindo confusão e dificuldade de compreensão da figura feminina. Essa dificuldade é mencionada várias vezes ao longo da narrativa:

> Esquisito manto de retalhos! Quanta cor enganosa, quanto som desafinado, quanta forma adversa. E nos é vedado, quanta vez absurdo, compreender os fatos imediatamente – seríamos vítimas de fantasmagoria universal que nos cerca, e as nossas conveniências como deformam tudo! Como é possível compreender Madalena, Laura, Catarina, a tosca Aldina, a imagem do poeta que se crê claro e imortal, os beijos sem êxtase, o orgasmo fracassado, a esperança que teima em cruzar nossa vereda? (Rebelo, 2002, p. 56).

Com sua escrita estilhaçada, Marques Rebelo conduz-nos a uma densa experiência em torno da angústia de Eduardo. Por entre suas linhas, seguimos por caminhos obscuros, em que a autorreflexão põe-se lado a lado a jogos de espelhos, nos quais as figuras femininas mostram-se diversas e a percepção do "outro" confunde-se a si próprio. Entrevemos, assim, uma escrita minuciosa, em que o cotidiano de Eduardo, aparentemente trivial, apresenta-se por inteiro, revelando o desgaste de vidas e relacionamentos fracassados.

Destarte, passam boa parte do tempo conversando, até que Dagmar convida-o a visitá-la. Após resistir algum tempo, Eduardo decide ir. Por um curto período reatam o caso. No entanto, com a mesmice dos encontros, desenha-se a impossibilidade de reviver o passado e Eduardo entedia-se da aventura:

> Dagmar, tão imprudentemente de braços nus [...] falando do marido com desenvoltura e lenidade como se fosse a mais honrada e zelosa das esposas. [...] É congenitamente sujeita a esses ataques palrantes, que tanto serviam de deboche a Catarina, e não tem nada na cabeça – nada! (Rebelo, 2009, p. 541).

Tumultuada e confusa também será a longa relação que Eduardo manterá com Catarina (apesar dos casamentos com Lobélia e Luísa), mulher culta e livre, com quem divide assuntos relacionados à literatura e às artes em geral. Sempre muito viajada, ela presenteia-o com gravuras e livros do exterior. De família abastada, tendo estudado na Europa e nos Estados Unidos, tinha hábitos modernos para a época, como fumar e dirigir automóveis. Por isso, em diversos momentos, Eduardo sente-se inferiorizado diante de sua inteligência e potencialidade críticas: "A vida com Catarina poderia ser limpa, que ela é limpa. Mas seria extenuante" (Rebelo, 2002, p. 158).

Catarina engravida e decide fazer um aborto em um consultório na Rua dos Andradas, repetindo o mesmo dilema de Lenisa Máier. O episódio, ainda que tratado por ela com certa frieza, serve para dar indícios de uma possível crise no relacionamento. Como forma de mostrar esse desgaste, Eduardo reproduz, em 27 de junho de 1938, uma das frases emblemáticas dela: "– Lembre-se de que amor-próprio é uma coisa que os outros também podem ter" (Rebelo, 2002, p. 428).

Dessa forma, os leves sinais de ruptura começam a intensificar-se, a ponto de Catarina falar em tom de cobrança sobre casamento, medo da velhice e da solidão. Assim, ameaça abandoná-lo. Eduardo não a compreende e acaba agredindo-a: "Levantei o braço e desfechei a bofetada" (Rebelo, 2012, p. 376). No mesmo dia, envergonhado e tomado por fúria, ele também agride sem motivos a cadela Laurinda: "Por que desfechei a bofetada? Não sei explicar. Quando dei conta, já o remorso me tomava" (Rebelo, 2012, p. 376).

Note-se certo espelhamento entre a amante e a cachorra, sugerido pelo verbo "desfechar" e pelo mesmo termo ("bofetada") utilizado nas duas situações. Um espelhamento cuja subjugação é o ponto máximo. Trata-se de uma sequência em progressão, indicando movimento, a partir de sentimentos que vão se matizando:

> Laurinda refugiara-se sob os móveis, olhando-me de longe, o olhar caído, alerta e tremendo aos meus menores movimentos, até que fui buscá-la debaixo do sofá e abracei-a com ternura de pai que se reapossa do filho, enquanto ela, de rabo escondido, se urinava de medo e alegria. (Rebelo, 2012, p. 376-377).

O fato de deslocar a narração diretamente para cachorra permite que Eduardo aproxime-se do animal, humanizando seus sentimentos. Curiosamente, o próprio nome "Laurinda" atribuído ao cão já contribui para essa humanização. A etimologia do termo remete à aglutinação dos nomes femininos Laura e Linda e ao latim *laurus*, que significa "louro ou loureiro".[49] A mudança de perspectiva permite ainda que o narrador identifique-se e aproxime-se das duas personagens (Laurinda e Catarina) ao dispor todas no mesmo plano.

Com efeito, evidencia-se um espelhamento entre amante e animal de estimação, que colabora para a manutenção do ciclo de dominação masculina. No entanto Eduardo não reproduz com Catarina as mesmas ações "ternas" que tivera com o animal após a agressão, pois afirma não ter pedido perdão:

---

[49] Disponível em: www.dicionariodenomesproprios.com.br. Acesso em: 12 set. 2023).

"Fui buscá-la, sem pedir perdão: – Não sei por que fiz isso... Foi incontido [...] – Não. Não bateu... Tem ainda coragem de dizer que não me bateu!" (Rebelo, 2012, p. 377). Dentro dessa chave interpretativa, não é legítima a sua justificativa, que desqualifica a fala de Catarina, negando a atitude que tivera: "– Não te bati. Acredite. Não sei como foi" (Rebelo, 2012, p. 377).

Pelo jogo de espelhos entre a amante e o animal, o episódio denuncia a covardia de Eduardo, confirmando a violência de gênero contra a mulher, reflexo marcante de uma sociedade com bases patriarcais. A postura de Eduardo é representada como parte de uma cultura dominante e incorporada aos padrões sociais disciplinadores. Das reclamações de Catarina à bofetada desferida, sua honra de patriarca dá sustentação à barbárie cometida.

Após o infeliz episódio, Catarina decide abandonar Eduardo, casando-se com um americano. Em tom irônico, ela comunica-o: "– Sim, o *Sweet Home*! Terei a minha casa, o meu marido, os meus filhos... São trabalhos! Farão esquecer que envelheço, me darão um destino, uma finalidade, me tornarão uma criatura real" (Rebelo, 2012, p. 500). Já estudante na Columbia University e morando em Nova York, ela envia-lhe cartas bastante sarcásticas, causando-lhe ciúme e arrependimentos.

O casamento também será o objetivo de Lobélia, primeira esposa de Eduardo e mãe de seus dois filhos, Vera e Lúcio. Eduardo conhece-a no ônibus, quando ela estava a caminho da aula de datilografia e estenografia, "pois queria se empregar" (Rebelo, 2002, 371).

Lobélia é descrita fisicamente com "cabelos escorridos e ao sabor do vento, os olhos negros, muito grandes, donos de uma ponta de melancolia indisfarçável" (Rebelo, 2002, p. 371). Nascera em cidade de praia, nas imediações de Macaé, local onde o pai, já viúvo, vivia como pescador e com a segunda esposa, mulher que Lobélia detestava, a ponto de sair de casa para tentar a vida no Rio de Janeiro.

Todavia, na cidade grande, abandonou as aulas e não chegou a empregar-se: "O casamento pode ser um emprego, emprego de duvidoso rendimento, que não exige vocação, no fundo uma aventura que se aceita" (Rebelo, 2002, p. 384). A passagem insinua que Lobélia via no casamento uma oportunidade favorável de inserção social, quase "um emprego" estipulado convencionalmente para as mulheres. Porém o adjetivo "duvidoso" tende a sugerir e a adiantar o fracasso do relacionamento.

Quanto à caracterização de Lobélia, observa-se que Eduardo, diferentemente do que faz em relação às outras mulheres pertencentes ao grupo das "desviantes", não reforça os dotes físicos e tampouco a sensualidade da personagem. Ademais, quando se refere a Lobélia, a narração geralmente é feita com o ponto de vista na terceira pessoa, denotando distanciamento e frieza por parte dele, "como se aquela história não lhe dissesse respeito" (Frungillo, 2001, p. 113). Por isso as vozes da primeira e da terceira pessoa chegam a se entrecruzar, emulando a consciência de Eduardo, que sabe que deve olhar para si mesmo e somente assim resgatar a experiência cotidiana dentro do objeto estético: "[...] Lobélia não compreende, ou melhor, como todo mundo, só compreende aquilo que quer" (Rebelo, 2002, p. 327).

Com efeito, o casamento com Lobélia é repleto de brigas e desentendimentos, que fatalmente conduzirão ao término, o que corrobora a caracterização sempre negativa e amarga da mulher, como se pode notar nas seguintes passagens do diário: "E Lobélia transformou-se em duro espinho" (Rebelo, 2002, p. 42); "Dançar com Lobélia é como dançar com um cacto" (Rebelo, 2002, p. 140). Assim, a figuração de Lobélia é sempre acompanhada de signos que remetem a um campo semântico de aridez, que compreende um relacionamento tóxico, sem diálogo e sem harmonia. Isso fica nítido quando o narrador, por meio da paródia, compara-a com o verso do famoso poema de Manuel Bandeira, *O cacto*, negando-lhe a beleza: "Como o cacto do Poeta, ela é áspera, intratável. Mas não é bela" (Rebelo, 2002, p. 143).[50]

Numa das várias discussões constantes do casal, Lobélia dá indícios de que tem conhecimento dos casos extraconjugais de Eduardo e reclama pelos seus direitos, afirmando que ele deve escrever menos e ganhar mais. Ele responde, mandando-a tomar "passes" com a tia dela para acalmar-se. As reclamações de Lobélia para Eduardo associam-se à cobrança social da imagem do homem como provedor das despesas do lar, daquele que traz os recursos, o que não se efetiva. Eduardo utiliza a imagem de uma redoma que se quebra em pedaços para sugerir o fim do casamento, afirmando: "Há razões do coração que Lobélia desconhece" (Rebelo, 2002, p. 390).

Após o divórcio, Lobélia arranja um emprego numa fábrica de bonecas e mostra-se mais feliz. De maneira distanciada, o narrador sinaliza: "Ele via Lobélia com olhos que não eram seus. Eis o erro!" (Rebelo, 2002, p. 374).

Cumpre também destacar a personagem Madalena, irmã de Eduardo, cuja presença é bastante significativa quanto ao sentido e à construção das

---

[50] No poema bandeiriano tem-se: "– Era belo, áspero, intratável". Cf. BANDEIRA, Manuel. *Poesia completa e prosa*. Rio de Janeiro: José Aguillar, 1967. p. 246.

memórias. Madalena engendra uma história de traição e loucura observada e comentada por Eduardo. Ela abandona o marido Eurico (o Pinga-Fogo), com quem tem dois filhos, Eurilena e Lenarico, fugindo com um tocador de violão.

Assim como os outros irmãos de Eduardo, Emanuel e Cristininha, o primeiro morto durante a guerra e a última morta ainda na infância, Madalena tem um final infeliz, enlouquecendo, vindo a falecer em seguida: "E a noite escura envolveu os olhos de Madalena, para sempre aquietou seus desatinados pensamentos, para sempre emudeceu seus lábios desabridos" (Rebelo, 2009, p. 135).

A trajetória de Madalena é marcada por uma profunda angústia no que tange às decisões que a aproximam de um papel tradicionalmente feminino. Tal dinâmica está presente desde a infância, quando o narrador caracteriza-a como caprichosa. Chama a atenção o fato de ela estar sempre insatisfeita com o casamento com Pinga-Fogo, articulando esse dado à postura transgressiva frente às demandas de uma "feminilidade" tradicional. Assim, só lhe resta desertar, abandonando o casamento:

> Madalena arrependida, Madalena magra, maltratada, mas ainda bonita, tivemos a visita de Madalena. Falou mal de Pinga-Fogo – é um déspota, um sovina, nada lhe dava, vivia a chorar os tostões [...] – Pinga-Fogo (o miserável) deixava-a nua, as crianças estavam nuas. Era uma grande desgraçada! Chorava abertamente: – Triste destino o das mulheres... Deu um suspiro: – Feliz fora Cristininha, que morrera cedo. (Rebelo, 2002, p. 94).

De fato, como exposto, as angústias de Madalena a respeito do casamento com Pinga-Fogo já antecipam o fim da relação. Fora dos papéis sociais impostos, ela é, sem dúvida, uma transgressora. Suas perdas e rupturas pontuam o andamento do texto, já que após cada um dos cortes entre ela e outros personagens existe uma reconstrução, a preparação para uma nova etapa em sua vida, visto que fugirá com o violeiro, abandonando o marido e os filhos. A propósito, mediante uma constatação quase ritualística, dirá Eduardo a 11 de abril de 1938: "Madalena não traiu ninguém. Foi fiel a seu fado" (Rebelo, 2002, p. 389).

Devemos acrescentar o fato de que a história de Madalena e Pinga-Fogo[51] faz parte do repertório literário de Marques Rebelo, sendo reaproveitada em *O espelho partido*, mais especificamente no fragmento de três de julho de 1936 (*O trapicheiro*). Segundo Mário Frungillo (2001), a gênese dessa história está no conto *Dois pares pequenos*, da coletânea *Stela me abriu a porta* (1942). Tal matriz endogâmica prepara a narrativa contada na trilogia, trazendo à tona os personagens ainda na infância: Edgar, Madalena, Cristininha e Manuel.

No conto em questão encontramos o episódio da "gazeta", isto é, do dia em que os irmãos cabularam aula e conheceram Eurico, o Pinga-Fogo. Com ligeiras modificações nos nomes das personagens (Eduardo por Edgar e Emanuel por Manuel), esse texto confirma o espelhamento presente na ficção rebeliana e estabelece ambiguidades, na medida em que confere sentidos novos ao processo criativo de *O espelho partido*:

> Quando se consideram estes exemplos, compreende-se que o autor não tenha mais publicado outro volume de contos após o livro de 1942. Embora continuasse produzindo contos, ele os concebia como fragmentos de seu espelho partido, a serem incorporados ao romance. Desinteressara-se dos pequenos acontecimentos isolados, passando a vê-los como parte de um todo maior, pequenos fragmentos de espelho a refletir cada um deles um pedaço do caos da vida. (Frungillo, 2001, p. 78).

Após a publicação de *Stela me abriu a porta*, o autor somente retornaria à narrativa curta com o volume *O simples coronel Madureira*, em 1967. Fato curioso, o reaproveitamento de *Dois pares pequenos* em *O espelho partido* mostra-nos que Marques Rebelo não abandonou os artefatos do conto, mas, antes, entrecruzou-os às histórias da trilogia.

O reaproveitamento do filão interno da narrativa confirma a *mise en abyme* no regresso contínuo e obsessivo do texto ao texto. Os *leitmotivs* figuram como uma espécie de colcha de retalhos, costurados e alinhavados heterogeneamente, ao modo de "enxertos" textuais.

É sabido que a clássica noção de "enxerto", sistematizada por Laurent Jenny (1979) nos estudos acerca da intertextualidade, envolve o trabalho

---

[51] A história de Madalena e Pinga-Fogo foi objeto de estudo da tese de José Carlos Zamboni. Partindo do motivo dos chamados textos "desentranhados" (termo criado pelo poeta Manuel Bandeira, que extraía poemas de obras em prosa de outros escritores), Zamboni propõe "desentranhar" da trilogia rebeliana o entrecho de Madalena e Pinga-Fogo. Cf. ZAMBONI, José Carlos. *Madalena & Pinga-Fogo*. 1994. 172f. Tese (Doutorado em Letras) – Universidade Estadual Paulista Júlio de Mesquita Filho, Assis, 1994.

de transformação e assimilação presentes na obra literária. Nesse sentido, a atividade intertextual fundamentar-se-ia em torno de um "enxerto", alojado numa "moldura narrativa coerente", cujo princípio consistiria em "fazer caber vários textos num só, sem que se destruam mutuamente" (Jenny, 1979, p. 23).

Portanto, ao modo de teias que emaranham os leitores, essa ciranda de textos parece apontar a preparação para a escrita caudalosa e monumental de *O espelho partido*. A sua ânsia inventariante apresenta o caráter de fragmento, visto que retoma projetos anteriores do autor e o entrelaçamento de várias histórias já publicadas em contos esparsos incorporados no diário de Eduardo.

Enfim, a partir das caracterizações até aqui abordadas, é possível encontrarmos pontos de contato com a construção da personagem Zuleica, de *Marafa*, reaproveitada em *O espelho partido*. Na trilogia, Zuleica está casada com Ricardo Amaral, homem da alta sociedade, pertencente ao círculo de conhecidos de Eduardo. Porém importa observar que em *Marafa*, Zuleica, tal como Catarina, Lobélia e Madalena, é personagem nascida e criada de acordo com os valores de seu meio, ao mesmo tempo que os questiona em nome de sua liberdade. Assim, sua composição compreende "[...] a beleza, a vivacidade, a presença de espírito [...] – a elegância exagerada, com o fim de mostrar o corpo, a liberdade absoluta, o namorismo desenfreado" (Rebelo, 2012, p. 43).

Conforme nota Renata Scaramella (2007), a síntese que Zuleica promove entre dois mundos tão distintos entre si é o que permite a aproximação e a antecipação de Lenisa, de *A estrela sobe*. Por meio do casamento, Zuleica consegue a tão almejada ascensão social, apresentando uma visão bastante irônica do futuro marido e dos códigos morais a que devia submeter-se. A carta que envia à amiga Sussuca exemplifica esse ponto de vista:

> Não estou absolutamente desesperada como você pensa. Até foi útil separação. Ricardo tem escrito religiosamente e pelo beiço, de dois em dois dias, com tinta roxa (!) e papel ultraperfumado. Papai disse que o perfume que ele põe na carta dá para perfumar uma boiada. Foi uma das únicas bolas que papai soltou aqui. Papai conhece-o. Chama-o o "bestalhão de ouro". Ele foi à estação nos levar. Estava patético. Na frente de papai só me chamava de senhorita, o hipócrita. [...] Voltando às cartas do Ricardo. Eu respondi

> com dois postais. [...] Talvez hoje ainda, aproveitando o apetite, lasque uma carta daquelas para ele. Tipo da carta xeque-mate. Sim ou não, meu filho? Se for sim, dentro de seis meses, como eu te disse usarei o Ricardo como marido. (Rebelo, 2012, p.120).

Como se vê, o objetivo de Zuleica vem à tona: casar-se com o herdeiro da abastada família Viana do Amaral. Nessa perspectiva, o casamento configura uma luta contra as limitações impostas pela sociedade.

Nessa perspectiva, as retomadas acusam o âmbito negativo e deformante do casamento como instituição social; o espelho é aí apreendido a partir da noção mimética de imitação, tomando como base a própria relação dos sujeitos com a realidade.

Conforme já discutido, a metáfora especular pode abranger relações não só simétricas, mas, antes de tudo, assimétricas e deformantes, criando ou revertendo imagens de sujeitos, objetos e situações: "Estranha prótese, o espelho deformante estende, mas deforma, a função do órgão, como uma corneta acústica que transformasse qualquer discurso num trecho de ópera-bufa" (Eco, 1989, p. 26).

Os acontecimentos aqui narrados não são expostos de maneira isenta, pois é o impacto deles sobre Eduardo que conduz a trama da trilogia e são suas considerações sobre cada evento que catalisam a narrativa.

Neste ponto convém evocarmos as palavras de Antonio Candido (1999), para quem a função formativa da literatura vai além de uma visão estritamente pedagógica. Em oposição às instituições ideologicamente orientadas, cuja função educacional é oficialmente atribuída, como a escola e a família, a literatura "age com o impacto indiscriminado da própria vida e educa como ela, – com altos e baixos, luzes e sombras" (Candido, 1999, p. 84). Portanto lembramos que a violência integra o que chamamos mal e, sendo um traço persistente da vida social brasileira, é tema recorrente em nossa literatura.

Entre os movimentos de retomada em *O espelho partido*, encontramos também as várias menções à personagem Solange, moça que falece aos 21 anos, vítima de um incêndio ocorrido na loja em que trabalhava, na Rua Gonçalves Dias. Ela é mencionada ao longo dos três tomos como o lamento elegíaco do narrador pela morte precoce e sacrificada, expressão clara das mulheres mortas da epígrafe que move a trilogia.

No segundo tomo, a 24 de julho de 1940, Eduardo recorda um encontro sexual que teve com Solange na praia do Arpoador, quando a turma realizava uma "caçada noturna aos siris, divertimento, aliás, bastante semanal" (Rebelo, 2012, p. 303). Desse encontro ele ressalta apenas os dotes físicos da personagem, sem dar mais informações a respeito de sua vida: "Tinha os lábios carnudos como bifes, comprimia-os, apertava as pálpebras, gemia docemente, deixava-se dominar" (Rebelo, 2012, p. 303).

Posteriormente, no terceiro tomo, na entrada de 15 de dezembro de 1942, ele narra em detalhes a trágica morte dela:

> Súbito o curto-circuito – estalo e labareda! O que era celuloide explodiu! O que era papel incandesceu! Em poucos minutos tudo era chama crepitante, brasa, depois cinza. Os bombeiros vieram, mas não havia água! Queimados ou asfixiados pelos venenosos gases, morreram onze empregados, dos quais oito eram moças. Assim morreu Solange. E quem se lembrará ainda de que ela era bela e amorosa, de que seu riso era fresco e cantante? [...] Que impressão poderá causar, daqui a cem anos, a alguém que se lembre de folhear estes jornais, o rosto daquela moça, de lábios carnudos e olhos espantados, que morreu queimada? (Rebelo, 2009, p. 177-178).

Sem dúvida, Solange faz parte do artefato especular da escrita rebeliana cujos movimentos de tecer e destecer o texto propiciam uma espécie de alinhavo repleto de imagens e motivos errantes, que retornam obsessivamente. Curioso é o fato de que Eduardo fixa-se somente na morte da personagem, oferecendo pormenores e reflexões, uma vez que não oferece os mesmos detalhes quanto à sua vida: "Cálido, com cigarras que nos remontam a outros estios, dezembro traz lembranças natalinas, desapiedadas algumas" (Rebelo, 2009, p. 177).

O espelho tem papel fundamental nessa fábula de Eduardo. O "não lugar" de Solange junto às outras mulheres modula em grande parte a angústia e a negatividade do narrador nas análises que faz de sua vida e, principalmente, de seu passado. Embora seja uma figura feminina secundária no diário de Eduardo, Solange confirma a obsessão pelo "espelho de mulheres mortas", anunciado na epígrafe dos três volumes da trilogia.

Nesse grande mosaico surge também a figura de Cinara, moça suburbana que Eduardo conhece numa parada de bonde: "Fornida, roliças ancas de firmeza equina, exageradamente pintada, nervosa como cavalo de corrida, não ficava quieta um instante, aquiescia aos meus inequívocos olhares [...]" (Rebelo, 2012, p. 314-315).

Cinara estudava corte e costura numa academia da Rua Uruguaiana e morava com a mãe numa casa que havia se transformado em pensão para o sustento da família. Constantemente trocava o r pelo l, tinha o hábito de conferir cada automóvel e placa que passava, sua verdadeira obsessão. Eles começam a encontrar-se em um "hotel suspeito" da Avenida Mem de Sá e Cinara passar a pedir-lhe dinheiro.

Quando estava com ela, pensava constantemente em Aldina: "[...] a lembrança de Aldina me acudia, acabávamos sempre nos bancos do Campo, todo o roteiro feito, vagarosos, abraçados, trocando beijos em inflamada bolinação" (Rebelo, 2012, p. 317).

Ocorre que o caso dura três meses e Eduardo fica em complicações financeiras. Cinara abandona-a sem dar explicações e, posteriormente, ele revê-a vestindo os figurinos da moda, com jóias e sapatos espalhafatosos.

Da caracterização de Cinara importa-nos assinalar dois aspectos, a saber: a descrição física, que revela um processo ambivalente com a utilização de termos que se referem à existência animal, e os desdobramentos em Stela, personagem homônima da coletânea *Stela me abriu a porta* (1942).

Na figuração de Cinara são empregados signos que trazem a animalidade, na medida em que os trejeitos sensuais são ressaltados: "ancas de firmeza equina", "nervosa como cavalo de corrida". O olhar para o corpo feminino objetificado é novamente empregado por Eduardo, beirando um flerte com as tendências do romance naturalista do século XIX, já aqui comentadas.

A ênfase recai no físico de Cinara, moça simples e livre, e tende a funcionar como um ícone das mazelas sociais que atinge as demais personagens de sua classe. Dessa forma, a trilogia rebeliana pode atentar o leitor para uma espécie de miséria social que, naturalizada, encontrava-se na esfera do imperceptível. Se na obra naturalista a referência ao corpo tem uma natureza distópica de cunho cientificista, na narrativa de Marques Rebelo o grotesco revisitado aborda o aspecto material do corpo, oferecendo um tratamento contundente da realidade que ronda as mulheres livres e "desviantes". O estatuto ambíguo (humano x animal), portanto, pode servir para intensificar a marginalidade de mulheres que não se inserem inteiramente em categorias predeterminadas socialmente.

No que tange ao segundo aspecto, inevitavelmente temos em Cinara a retomada da figuração de Stela, embora as duas personagens guardem algumas diferenças, sobretudo quanto ao comportamento e aos aspectos físicos: Cinara é caracterizada como falante e inquieta e Stela, por sua vez, é mais tímida e contida. Os comparativos afinam-se, por exemplo, quanto à menção de alguns motivos, como o estudo de "corte e costura", além da presença do "hotel suspeito" utilizado para os encontros de Cinara com Eduardo.

Em *Stela me abriu a porta* (1942), Marques Rebelo revisita a personagem feminina negra, especialmente no conto homônimo. Vale ressaltar que esse volume reúne certo número de textos já anteriormente publicados em jornais e revistas na década anterior. O ponto de vista que nos dá a conhecer a personagem ocorre em primeira pessoa, com um narrador masculino anônimo, branco, de classe social superior à figura feminina. Ele, então, apresenta-nos Stela, moça de origem humilde, moradora de uma "casinha de três cômodos" na ladeira do Rio Comprido, que exerca a função de auxiliar de costureira no modesto ateliê de Madame Graça, visitado pelo narrador a pedido de sua mãe.

Stela é descrita fisicamente como "[...] espigada, dum moreno fechado [...]. Tinha as pernas e os braços muito longos e uma voz ligeiramente rouca. Falava com desembaraço, mas escolhendo um pouco os termos, não raro pronunciando-os erradamente" (Rebelo, 1942, p. 11-12).

O narrador interessa-se por Stela e passa a esperá-la todos os dias após o término do expediente. Porém, ao contrário da relação de Eduardo com Cinara, o encontro no hotel previamente arranjado não ocorre, sinalizando, assim, uma separação. Tal separação dá-se numa ponte, espaço metafórico de passagem e segregação de dois mundos, o de Stela e o do narrador, que os deixa paralisados: "Não fomos. Ficamos, pregados na pequena ponte, ouvindo o barulho do rio e o barulho dos sinos, vendo as estrelas nas alturas, esquecidos, perdidos, como restos de um naufrágio" (Rebelo, 1942, p. 13). Pouco antes do final do conto, cético e confuso, o narrador indaga: "Por onde andará Stela? Em que mares de homens se perdeu?" (Rebelo, 1942, p. 13), deixando entrever o inacabamento já utilizado no final de *A estrela sobe* (1939), quanto ao destino de Lenisa.

Stela foge ao estereótipo da mulher carioca sensual por ser melancólica e contida, com traços muito mais elegantes que propriamente sensuais. Desse modo, a variedade de construção desdobra e amplia as personagens, permitindo, pelo espelhamento, diversas possibilidades de representação da problemática feminina.

Como se vê, a *mise en abyme* corresponde a um meio que propicia à obra rebeliana interagir, revisitando outros textos, manifestando-se, desse modo, como trabalho estético capaz de provocar reflexões sobre a escrita. Os jogos de espelhos empreendidos pelo autor inserem sua narrativa num novo patamar literário, fazendo de sua trilogia um rio que atravessa toda a sua obra, como o Trapicheiro,[52] que dá título ao primeiro tomo: "Tenham paciência, amigos, ou abandonem a empreitada. Isso é um romance lento, lento, como um rio lento" (Rebelo, 2012, p. 526).

As figuras femininas duplicadas e até aqui abordadas, de uma maneira ou de outra encontram-se à margem da sociedade – ou mesmo às margens da sociedade, em espaços agônicos de trânsito, sem se adequarem a funções específicas. Localizadas numa espécie de limiar, tais personagens ocupam um não lugar "desviante", caracterizado pela falta de pertencimento e plenitude.

Seja nos papéis de doméstica, de datilógrafas, de intelectuais ou mesmo de cantoras e de radioatrizes, podemos observar a imagem de mulheres que carregam uma condição inferior em relação aos homens na sociedade. Desse modo, aquelas que não se subjugam aos homens passam a ser interpretadas como transgressoras da ordem ou de um sistema patriarcal que define a mulher apenas como reprodutora e subordinada.

1.2 RAINHAS DO LAR

Em face da figuração feminina e do método aqui adotado, o presente grupo corresponde a personagens que em sua maioria seguem os valores e a moral vigentes, com o desejo de amparo por meio do casamento. No entanto, pela complexidade do assunto e da obra rebeliana, essa configuração pode apresentar algumas nuances, como as tentativas de emancipação por mediante o trabalho livre e o acesso à escolarização das mulheres aqui abordadas.

Em linhas gerais, nas primeiras décadas do século XX havia poucas oportunidades de inserção social para as mulheres da pequena burguesia,

---

[52] O Rio Trapicheiros é o principal rio de drenagem do bairro da Tijuca. Ele nasce na Floresta da Tijuca, abaixo do Alto do Sumaré e a meia altura da Serra do Sumaré (Serra da Carioca), ao sul da confluência das ruas Uruguai e Conde de Bonfim. Sua nascente é livre, apesar de estar bem perto das comunidades da Formiga e do Salgueiro, protegidas por floresta nativa densa. Esse rio tem 6,3 km de extensão, desembocando no Rio Maracanã. Disponível em: www.olhandoacidade.imagina.com.br. Acesso em:13 set. 2023.

visto que ou elas resignavam-se ao trabalho doméstico ou aceitavam as parcas opções do mercado de trabalho, como serem costureiras ou preceptoras de crianças, profissões que, de certo modo, conferiam desprestígio de classe.

De acordo com Saffioti (1976, p. 17), no que tange às mulheres dos estratos mais baixos e de famílias proletárias, o casamento funcionaria como um simulacro do casamento burguês, espécie de rebaixamento do que ocorria em famílias com maior poder aquisitivo:

> A felicidade pessoal da mulher, tal como era então entendida, incluía necessariamente o casamento. Através dele é que se consolidava sua posição social e se garantia sua estabilidade ou prosperidade econômica. Isto equivale a dizer que, afora as que permaneciam solteiras e as que se dedicavam às atividades comerciais, as mulheres, dada sua incapacidade civil, levavam uma existência dependente de seus maridos. E a asserção é válida quer se tomem as camadas ociosas em que a mulher dependia economicamente do homem, quer se atente para as camadas laboriosas nas quais a obediência da mulher ao marido era uma norma ditada pela tradição. Sob a capa de uma proteção que o homem deveria oferecer à mulher em virtude da fragilidade desta, aquele obtinha dela, ao mesmo tempo, a colaboração no trabalho e o comportamento submisso que as sociedades de família patriarcal sempre entenderam ser dever da mulher desenvolver em relação ao chefe da família.

Nesse entendimento, nas classes mais abastadas, o prestígio de classe associava-se à imagem do homem provedor, pois quanto mais ociosa a esposa, mais prestigiado socialmente era o marido; por sua vez, nas classes mais pobres, o prestígio reservado à ociosidade feminina sequer seria vislumbrado, já que a prioridade estaria na manutenção do trabalho, pensado como atividade crucial para a sobrevivência da família.

Todas essas nuances fazem-se presentes na caracterização das mulheres de *O espelho partido* abordadas neste segundo grupo. Apresentamos suas histórias e seus lugares no diário de Eduardo; em seguida, discutimos os jogos de espelhos que comparecem em suas figurações.

1.2.1 Luísa e Susana Mascarenhas: desdobramentos em Sussuca e Zita

Comecemos por Luísa, segunda esposa de Eduardo. Sua aparição ocorre logo nas primeiras páginas do primeiro tomo. Eduardo conhece-a na repartição, num momento conturbado de crise no casamento com Lobélia, com quem romperá. Luísa será sua segunda esposa, fato já anunciado pela linguagem assertiva e premonitória: "[...] adivinhei-a como se na fosforescente massa de uma nebulosa antevisse o universo, claro e úbere, silente e apaziguante, que se formaria num futuro milenar" (Rebelo, 2002, p. 11). Porém Eduardo não será fiel a Luísa, assim como não fora a Lobélia.

Sem estender-se nos adjetivos, Eduardo define Luísa simplesmente por "uma silhueta" (Rebelo, 2002, p. 48), ao mesmo tempo que suas memórias deslizam-se na busca de outras mulheres de sua vida: "E silhueta era Aldina sumindo, de noite, na entrada do serviço [...] Silhueta era Stela dobrada sobre a máquina de costura em fatigantes serões" (Rebelo, 2002, p. 48). Desse modo, a inconstância faz-se presente no comportamento amoroso de Eduardo e revela-se como uma duplicação da caracterização das mulheres que passaram por sua vida. Como ocorre na anotação do dia 29 de janeiro de 1936, quando Eduardo reforça a negativa de Luísa sobre o fato de ela não saber dançar:

> Não, não sabes, **Luísa**. Não és, como **Catarina**, uma alma dançante. Não és, como **Estela**, leve, dócil cintura que eu manejava como leme nas vertiginosas figurações da valsa moribunda, suplantada pelos ritmos forasteiros de que Tatá era antena captora e guia escrupulosa, não tão leve nem tão dócil quanto **Aldina**, que trazia no sangue oitavão o saracoteio da terra, marcado em cada compasso suarento pela saudade surda e profunda da perdida liberdade africana. (Rebelo, 2002, p. 19, grifos nossos).

A passagem sugere ainda o fato de que Luísa é apenas a mulher estável e dedicada, sem grandes dotes e crises, que servirá para Eduardo manter-se casado. Prova disso é o termo "mansuetude" utilizado por ele para definir o comportamento dela: "Para você, Luísa, uma palavra – mansuetude" (Rebelo, 2002, p. 162). Em concordância com essa definição, a própria Luísa dirá as seguintes máximas: "— Há mulheres que nascem para ser amantes, outras que nascem para ser esposas. Eu nasci para ser esposa. Esposa é uma mãe adotiva" (Rebelo, 2002, p. 467).

Essas frases, estrategicamente reproduzidas no diário de Eduardo como a "Antologia de Luísa" (Rebelo, 2002, p. 467), reproduzem e definem o comportamento da personagem, sugerindo quais seriam as atitudes legítimas e aceitáveis para as mulheres "do lar". Nesse entendimento, os papéis sociais masculinos e femininos estavam bem demarcados, cabendo à mulher as funções de mães e esposas dedicadas ao lar. Na ordem adotada, faz sentido o fato de Luísa, diferentemente de Lobélia, não questionar e não destilar xingamentos contra Catarina, a amante de Eduardo: "Como Luísa nunca soube de Catarina é coisa que às vezes me pergunto. Desconhecimento mesmo ou reserva?" (Rebelo, 2012, p. 252).

Nascida numa família pequeno burguesa, com o pai escriturário, que morreu de edema pulmonar, Luísa foi criada pela madrinha e tia Carlota, mulher bondosa, que lhe ensinou os valores tradicionais da família. Assim, Luísa é a esposa dedicada e a mulher assalariada, que inicialmente trabalha no mesmo escritório de Eduardo e posteriormente toma posse como escriturária dos Correios e Telégrafos, sendo aprovada em concurso público. Porém as condições do novo emprego não são as melhores, como é pontuado já na descrição do espaço: "[...] a sujeira, o desmazelo, a negligência, e o ar infeliz da maioria dos pequenos funcionários, um ar corroído de desesperança e de fome" (Rebelo, 2002, p. 377). A mudança de emprego pode insinuar que Luísa auxiliava Eduardo nas condições mínimas de sustento da casa, fato sugerido por meio da precária situação econômica dele, que pede dinheiro emprestado a Loureiro.

A cena permite reflexões em torno do trabalho, quanto às diferentes esferas que assume ao longo da história, sendo o resultado histórico da luta do ser humano frente à natureza, no processo social de produção da vida:

> Atentando-se para o fato de que o salário não representa o valor criado pelo produtor imediato e que muitas vezes não chega mesmo a corresponder às necessidades de produção e reprodução da vida do trabalhador, pode-se afirmar, com segurança, que à mulher das camadas menos privilegiadas o trabalho se impõe como meio de subsistência. (Saffioti, 1976, p. 20).

A dedicação de Luísa ao trabalho rende-lhe resultados satisfatórios, que culminam na sua transferência para o gabinete do diretor-geral, com melhores condições e regalias.

O aspecto de desprendimento de Luísa em favor do casamento com Eduardo encontra espelhamento favorável na construção de Sussuca, de

Marafa. Limitada ao espaço doméstico, essa personagem deseja casar-se para poder servir a um marido.

Sussuca é simples e delicada, de feições e gestos apagados: "[...] a passividade, a doçura de sentimentos, a ingenuidade [...]" (Rebelo, 2012, p. 43). Ela é a moça recatada, com quem o noivo José, depois Tomy Jaguar no mundo do boxe, planeja casar-se. A história de Sussuca e José será passível de transformações e separações, visto que José abandona cada vez mais os ideais pacatos da vida de caixeiro viajante para fazer parte do mundo do pugilismo e reunir condições financeiras para casar-se com Sussuca. No entanto, ao buscar destaque e mudança de vida, ele acaba por distanciar-se dela, optando por uma rígida rotina de treinos e muita disciplina.

De origem humilde, Sussuca vive com a mãe, dona Nieta, mulher que sobrevive do ofício da costura, numa "casa de pobre", com "paredes quase nuas" e "sofá gasto de palhinha" (Rebelo, 2012, p. 42). D. Nieta vê no relacionamento de Sussuca e José o porto seguro para sua própria tranquilidade: "[...] seu pensamento único era deixar a filha casada, bem-casada, protegida. Podia morrer em paz" (Rebelo, 2012, p. 80). Porém o sonho do casamento será interrompido pela morte de José, que é assassinado a navalhadas pelo malandro Teixeirinha.

Se recuarmos um pouco mais, encontramos também espelhamentos em *Oscarina*, com o par Zita e Jorge. Zita é a moça simples e tradicional que desejava casar-se com Jorge. Conforme intuíra Mário de Andrade a respeito dos desdobramentos, é possível afirmar que Zita desdobrar-se-á na caracterização da suburbana Sussuca, de *Marafa*, encarnando os valores burgueses do casamento e da ordem familiar.

O desejo pelo casamento e a impossibilidade de sua realização são traços também presentes na caracterização da personagem Susana Mascarenhas, de *O espelho partido*. Amiga de Eduardo há longa data, Susana pertencia a tradicional família Mascarenhas, que começava a entrar em decadência devido à morte de seu mais legítimo representante, o desembargador Mascarenhas.

Vivendo das reminiscências do passado glorioso, Susana promovia reuniões no antigo salão de sua casa nas Laranjeiras. Com tais reuniões, ela buscava um casamento digno do lugar que acreditava ocupar na sociedade carioca: "[...] aquelas reuniões eram a sua razão de viver, o palco para o seu brilho, o seu prestígio, a sua armadilha perfumada para a vaga esperança de um satisfatório matrimônio, um consórcio que conviesse à exigências sociais dos Mascarenhas" (Rebelo, 2002, p. 147).

Obviamente, o termo "consórcio" implica as relações de casamento como garantia econômica por parte da personagem. Consciente da necessidade de realizar um casamento, ela é igualmente consciente da conveniência de fazê-lo com um pretendente que possa suprir seus anseios de manutenção dos bens materiais e prestígio social.

Dando sinais de decrepitude, com "espelhos encardidos", o solar dos Mascarenhas não conseguia manter interessados os convidados, corroborando uma atmosfera em que tudo parecia mofado e artificial. Pelo interesse de estar no meio da alta sociedade e de membros [ainda que hipócritas] da classe artística, Eduardo frequentava as reuniões sem deixar de ficar enfastiado: "[...] frequentava aquela casa, onde nunca me senti à vontade, onde nada me agradava, onde tudo me sabia a falso, a postiço, a bolorento" (Rebelo, 2002, p. 474).

A artificialidade das reuniões e do casarão resvalam-se para a caracterização de Susana, resumida por Eduardo como "barata tonta" e "eterna debutante". Ele ainda a caracteriza com "um desconfiado ar de porcelana", que poderia "quebrar-se" ao menor contato. Tal definição é ironizada por Adonias, que enuncia: "— Eu conheço esta espécie de porcelanidade. No dia que alguém se encostar nela, ela se entrega imediatamente. É a queda total! E é tudo que ela secretamente deseja..." (Rebelo, 2002, p. 474).

Fato é que nem toda a delicadeza de Susana conseguirá arranjar-lhe o tão almejado casamento. Com o esvaziamento gradual dos convivas nas reuniões, ela vê ruir esse antigo desejo, resignando-se na situação de mulher solteira. Assim, sem forças para libertar-se do passado que governava sua própria vida, Susana apagar-se-á como o seu salão, que deixa de ser frequentado pelos hóspedes, já entediados. Por fixar-se no passado, ela está "condenada (até onde nos deixa julgar uma narrativa inacabada) a envelhecer solteira e a ver sua mocidade definhar sem outra perspectiva que a de suspirar por uma forma de vida que passou para sempre" (Frungillo, 2001, p. 121).

O seu triste fim coincide (no diário de Eduardo) com a invasão da França pelos nazistas, em junho de 1944:

> — A sua França morreu, querida! – gostaria de lhe gritar e bem alto. Mas contenho-me – há almas incorrigíveis. Susana morrerá como nasceu, deliciando-se com os romances de Feuillet, inebriando-se com as poesias de Paul Fort, embalando-se com as melodias de Chaminade. E limito-me a abraçá-la com ternura: – Pois é... Custou, mas foi! (Rebelo, 2009, p. 435).

Com Susana, insere-se, então, a problemática do casamento no âmbito da decadência aristocrática. Mesmo estando localizada numa classe social, ainda que decadente, mais privilegiada do que as outras personagens aqui abordadas (Luísa, Sussuca e Zita), Susana tem aspirações muito semelhantes às das mulheres fora de sua casta. Isso mostra o quanto o casamento era visto como como possibilidade de inserção social e mudanças significativas para as mulheres.

Na literatura rebeliana, tanto as mulheres pobres, que correspondem aos confinamentos do lar ou dos trabalhos precários, quanto as transgressoras, que rompem a esfera tradicional em nome de sua liberdade (como Catarina e Lobélia), tendem a enquadrarem-se, pelo casamento, no modelo de uma sociedade tradicional e patriarcal, em que a mulher é silenciada e reprimida. Essa opção reitera e confirma a obsessão do autor pela temática feminina, desenvolvendo-a num sistema aberto a uma pluralidade de discursos. Isso é perceptível no olhar obsessivo de Eduardo, enxergando partes do corpo feminino nos próprios objetos de sua casa. Como nos fragmentos de 3 de maio de 1936 e 9 de dezembro de 1937, ambos de *O trapicheiro*, respectivamente:

> Diferente de outros da casa, o bico de gás do corredor era de porcelana leitosa, com finos desenhos de um dourado nobre e trevos violeta pálido, que lembravam um tecido parisiense. Torneado, elegante, parecia um antebraço de mulher saindo da parede forrada de papel estampado. O antebraço de uma mulher alva, preciosíssima [...] (Rebelo, 2002, p. 58).

> Choveu e o calor serenou. Puxa a coberta, se enrosca com voluptuosidade, como se o fresco lençol fosse um corpo de mulher, o corpo de Cinara, o corpo de Margarida, o corpo de Aldina, que era fresco como linho. Mais um dia – menos um dia! – e mais experiência. (Rebelo, 2002, p. 319).

De natureza descritiva, as duas passagens desempenham uma função interessante quanto ao entendimento de *O espelho partido*, na medida em que demarcam o deslocamento do olhar de Eduardo para situações aparentemente banais. Porém essas descrições permitem observarmos a *mise en abyme*, que se comporta como um espelho convexo e metonímico, no qual os objetos presentes refletem obsessivamente, a partir de formas delineadas, as figuras femininas. Tais descrições expressam e retomam em *mise em abyme* a retenção do significado da trilogia, obra centrada nas mulheres da vida de Eduardo. Nessa dinâmica, definida como uma cena microscópica, a *mise em abyme* sobrepõe-se analogicamente por meio do viés descritivo; as passagens supracitadas iluminam o tema interno do texto, uma vez que os detalhes ressignificam a obsessão pela temática feminina.

1.2.2 Dona Carlota e Lena: desdobramentos em dona Nieta e dona Manuela

A mesma "mansuetude" que caracterizam Luísa, Sussuca e Susana aparece na figuração de dona Carlota. Ela é a tia que criou Luísa e orgulhava-se de sua trajetória. Caracterizada com "olhos meio mortos" (Rebelo, 2002, p. 382), dona Carlota tem não só a vida invisível, mas também a morte, com o corpo "reduzido a um graveto" (Rebelo, 2002, p. 477) em seu enterro. Com certa intimidade, a morte vem buscá-la "como pessoa que entra em seu domicílio, como familiar que fosse esperado e que tardasse. Encontrou-a imersa no sono barbitúrico" (Rebelo, 2002, p. 477). A cena carrega a atmosfera estática de uma vida resignada e repleta de privações, revelando a triste condição feminina.

Pode-se dizer que a caracterização de dona Carlota desliza-se para outra personagem, cuja "mansuetude" é também a marca definidora. Trata-se de Lena, mãe de Eduardo, sendo referida de modo secundário ao longo dos três tomos como trabalhadora dedicada ao cenário doméstico, honesta e ingênua: "Mamãe era uma alma ingênua. Sacrificada pelo trabalho insano, não tivera mocidade, ou melhor, não gozara da mocidade" (Rebelo, 2002, p. 43).

A ausência de mais detalhes na caracterização da mãe corrobora a invisibilidade dessa personagem, fortalecendo a ideia de anonimato e vida comum à maioria das mulheres donas de casa, cujas funções domésticas apagam-nas e impedem-nas de serem reconhecidas como sujeitos. Tanto é assim que, após a morte, ela é "substituída" por Mariquinhas, parente que vem de Magé para assumir a administração da casa: "Na equação doméstica, que as águas do pequeno rio acalentavam, substituiu-se o *x*, que fora mamãe, pelo *y* que era Mariquinhas, e a vida continuou como máquina de roldana bem lubrificada" (Rebelo, 2002, p. 25-26, grifos nossos).

A conduta dessas duas últimas personagens, confinadas no espaço doméstico de privações, permite um espelhamento com a construção das viúvas dona Nieta, mãe de Susssuca, em *Marafa*, e dona Manuela, mãe de Lenisa, em *A estrela sobe*. Submissas e dominadas, ambas ilustram o comportamento padrão de uma sociedade patriarcal para as mulheres "de família"; ao longo de suas vidas, dedicaram-se com afinco à fidelidade do marido e ao bem-estar dos filhos. Conforme observa Nelson Rodrigues Filho, ao comentar sobre o catálogo de mulheres na ficção rebeliana: "A mulher ocupa lugar significativo no Rio de Marques Rebelo. Se, por um lado, a prostituta está entregue ao domínio e à exploração do rufião e da cafetina, não é menos subserviente e secundária, em relação ao homem, a mulher de família ordeira" (Rodrigues Filho, 1986, p. 107).

O jogo de espelhos que aí é instaurado revela a postura resignada e submissa dessas mulheres. Tanto a mãe de Eduardo quanto a madrinha de Luísa (dona Carlota) são condenadas pela própria vida, com o apagamento de seus desejos, sufocados pelas privações em nome do núcleo familiar, restando-lhes um final melancólico e vazio.

1.2.3 Tia Mariquinhas, dona Marcionília Peçanha, Mimi e Florzinha

A ausência do casamento pode indicar certa continuidade nos padrões sociais. O destino melancólico também continuará presente na trilogia, na vida das mulheres solteiras, porém ao lado de uma chave mais humorada. Tia Mariquinhas, como é chamada por Eduardo em seu diário, recebe caracterização grotesca, que condiz com uma religiosidade exagerada, beirando à caricatura.

Performando conservadorismo, Mariquinhas revelava-se por meio de feições sempre desconfiadas, com temor obsessivo a Deus e com ideias estupidamente moralistas. Tinha o hábito de conversar sozinha "com jarras, panelas e galinhas" (Rebelo, 2002, p. 292) e inventar doenças:

> Ia à cidade todas as quartas-feiras para um eterno tratamento dentário, compras e pequenas obrigações caseiras, como a de pagar a conta do gás. Ia depois do almoço, envergando o vestido preto de pesada e rugidora seda, enfiando até os olhos o chapéu também preto, de palha e veludo – uma indumentária distinta, em suma, para uma senhora distinta. (Rebelo, 2002, p. 292-293).

Hipocondríaca, Mariquinhas levava na bolsa uma infinidade de remédios caseiros, além de "miraculosos bentinhos", retornando sempre ao "cair da noite", com forte enxaqueca, "que zombava de suas cápsulas".

Dentro do grande armário de peroba rosa, ela escondia dezenas de brindes de perfumaria vindos da França, que atiçavam a curiosidade de Eduardo: "Nariz avaro, não se desfazia de um sequer, armazenava todos, orgulhosa da sua arca de odores, riqueza que se me atormentava e que eu vivia farejando" (Rebelo, 2002, p. 324).

Mariquinhas terminará acamada, em "pele e osso", com a esclerose e o câncer fechando-lhe a existência: "[...] caco abandonado, gemente, cifótico, de incontrolados esfíncteres e rebelde ao asseio, gritando alto, doloridamente quando se tentava limpá-la [...]" (Rebelo, 2002, p. 453). Para narrar o que chama de "decadência" de Mariquinhas, o narrador escolhe sabiamente as palavras, que fazem parte de uma esfera científica ("cifótico; "esfíncteres")[53] e que espelham a natureza hipocondríaca e histérica da personagem.

Arriscamos dizer que a caracterização de Mariquinhas antecipa a da beata Perpétua, de *Tieta do agreste* (1977), de Jorge Amado, uma das personagens mais icônicas do imaginário brasileiro. Em linhas gerais, o enredo de *Tieta* aborda a pobreza e falta de oportunidades do sertão nordestino, além de focalizar o moralismo vigente. A personagem Perpétua dá força à trama, sendo descrita como preconceituosa, temente ao catolicismo e aos bons costumes. Assim, acaba por julgar a vida libertina da irmã Tieta (Antonieta), que se torna prostituta em São Paulo.

O humor também ecoa na figuração de dona Marcionília Peçanha, professora de ensino fundamental no colégio em que Eduardo estudava. Ela é mencionada apenas duas vezes no terceiro tomo. Embora não fosse seu aluno, Eduardo estava sempre em contato com sua presença, uma vez que a diretora "empurrava em cima dela todos os encargos extradidáticos" (Rebelo, 2009, p. 19).

Devota de Nossa Senhora da Penha, da qual carregava a imagem no peito, dona Marcionília acreditava nos dizeres do hino nacional com a mesma intensidade com que acreditava no magistério: "[...] e após quinze anos de função não tivera uma única falta, como não tivera nenhuma promoção" (Rebelo, 2009, p. 18).

A descrição física dessa personagem mestiça é associada à feiura e ao grotesco: "A aparência completava a dificuldade – magra como cabo de vassoura, corcovada, pardavasca, cabelo encarapinhado, marcada de bexiga,

---

[53] Cifótico: adjetivo referente à "cifose", curvatura desviante da espinha dorsal, formando carcova. Esfíncter: nome genérico dos músculos circulares que fecham as cavidades que correspondem (esfíncter da bexiga, da boca, da vagina, do ânus). Disponível em: www.dicionario.priberam.org. Acesso em:16 set. 2023.

dentuça e vesga ainda por crueldade da varíola" (Rebelo, 2009, p. 18-19). Sempre muito aplicada, não faltava um dia sequer no trabalho, sustentando com o seu parco salário a mãe e dois irmãos malandros.

Das lembranças envolvendo dona Marcionília, Eduardo destaca o dia em que a surpreendeu chorando em uma sala afastada após uma briga com a diretora:

> Naquela feiúra, porém, havia tanto sofrimento, tanta infelicidade, tanta precisão de amparo e amor que quando dei por mim estava em seus braços, estreitado com ânsia contra o peito chato, molhado de lágrimas [...] — Sou uma tonta! — Enxugou as lágrimas, levantou-se, afagou-me o queixo, empurrou-me brandamente: — Você é um bom menino. Vá brincar com os colegas. (Rebelo, 2009, p. 20).

Daí por diante, dona Marcionília passa a oferecer-lhe presentes, como se ela e Eduardo fossem cúmplices de um segredo. Importa-nos observar, na descrição dessa personagem, os efeitos de uma vida repleta de carências que se somam à carreira do magistério, uma das raras possibilidades de trabalho feminino no país na década de 1930.

Tendo sido fomentado após a independência do país, o magistério apenas efetivou-se posteriormente, quando uma série de fatores ocorreram, entre os quais destaca-se a exigência para que houvesse tutores do mesmo sexo que os alunos; no entanto, com as demandas envolvendo o ensino feminino abriu-se o campo de atuação para as mulheres na docência. Mas se por um lado o magistério foi considerado um avanço, por outro abarcava conservadorismo, uma vez que estava ligado a determinados estereótipos de gênero, conforme destaca Saffioti (1967, p. 106):

> O desprestígio e a parca remuneração a que esteve sujeito o magistério primário desde seus inícios, aliados ao fato de considerar-se o ensino de crianças como um prolongamento das funções maternas, prenunciavam que o magistério elementar seria ocupação essencialmente feminina, chegando mesmo a constituir-se, durante muitos e muitos anos, na única profissão feminina plenamente aceita pela sociedade.

Nesse sentido, ainda que a docência delineava-se como uma das raras possibilidades de profissionalização para as mulheres, essa atuação foi pautada pela naturalização de diferenças entre os sexos. Historicamente, esse fato implicou na elaboração de currículos diferentes nas escolas: para as meninas eram levados em conta os trabalhos de corte e costura em detrimento de uma formação propriamente dita; já para os meninos havia possibilidades mais concretas de futura inserção no mercado de trabalho.

Ora, a feminização do magistério corroborou visões pré-concebidas, muitas vezes ligadas ao exercício da maternidade, como o sacrifício pessoal e a resignação, como se pode notar na construção da personagem de dona Marcionília.

Com as caracterizações de Mariquinhas e de Dona Marcionília até aqui construídas, Marques Rebelo revela sutilmente o conservadorismo de um discurso moral feminino na microdinâmica das relações familiares e no âmbito do exercício da docência. Ademais, o fato de ambas as personagens não titubearem frente à iminência de seus sacrifícios reforça as nuances melodramáticas de suas trajetórias, com a imagem de mulheres resignadas, algo que é textualmente expresso em tom grotesco e divertido por Eduardo.

Caricatas também são as primas de Magé, Mirandolina e Florisbela, respectivamente Mimi e Florzinha, como são chamadas por Eduardo no diário. Ambas são sobreviventes do que restara dos tempos aristocráticos da família em Magé e dedicaram a totalidade de suas vidas à "velha mãe", que falecera: "A mocidade é um terreno de erros. Mimi e Florzinha atravessaram esse terreno como Jesus sobre as ondas. Chegaram aos cinquenta anos, solteiras, imaculadas, piedosas, inteiramente dedicadas à velha mãe, que morreu hoje, e aos sobrinhos, que as enterrarão" (Rebelo, 2002, p. 469).

Mimi e Florzinha faziam visitas anuais à família de Eduardo no Rio Janeiro, trazendo "cândidos presentinhos de fabricação própria" (Rebelo, 2002, p. 292), ao modo de cães "galgos amestrados". Eduardo destaca o fato de serem prendadas e dedicadas aos afazeres domésticos, como se pode observar no episódio que passam à Luísa a receita de "rosquinhas de sal amoníaco" provadas pelo imperador na ocasião em que ele pernoitara em Ibitipoca.

A caracterização dessas personagens reforça mais uma vez a força do casamento como aspecto que rege os comportamentos femininos, sugerindo, em sua ausência, as vidas solitárias e quase ridículas de Mimi e Florzinha. De acordo com Mário Frungillo (2001, p. 107), na vasta mitologia familiar de Eduardo, as duas primas "são espécies de criaturas atemporais, parecem pertencer mais ao mundo das fadas que ao mundo real". Prova disso é o modo como desaparecem do campo de visão do narrador, já no terceiro tomo: "— Elas não morreram, apagaram-se..." (Rebelo, 2009, p. 234).

Além disso, tal como a figuração de Susana Mascarenhas, o passado glorioso é aqui focalizado como tempo morto e sepultado, que serve para Eduardo apenas como contraponto para pensar as grandes transformações ocorridas.

O pitoresco das cenas diverte o leitor, ao mesmo tempo que manifesta lucidez em relação às condições sociais. Um aspecto fundamental presente nessa caracterização é o fato de estarmos mais uma vez diante de espelhos deformantes, construídos por meio do humor e do grotesco. Como ressalta Denis Saint-Amand (2019, p. 74, tradução nossa): "A *mise en abyme* pode servir de suporte para um discurso humorístico, na medida em que perturba lugares e papéis tradicionais, e que o reflexo de seu jogo de espelhos se assemelha àqueles, deformantes, dos parques de diversões".[54]

Esse efeito pode ser observado sobretudo quanto ao que Dallenbach (1977, p. 100, tradução nossa) concebe como "*mise en abyme* de enunciação", cujo procedimento consiste em "tornar o invisível visível",[55] ao revelar, no discurso ficcional, os elementos ocultos, como o contexto social da produção e recepção da obra.

Operando a escrita da trilogia a partir da lógica do mosaico, Marques Rebelo cria, a partir do imenso catálogo feminino, elementos de tensão entre o todo e os fragmentos que o compõem. A *mise en abyme* atesta, portanto, o problema do mosaico, como destaca Dallenbach (2001, p. 20 e 72), a partir da obra de Balzac:

> [...] como figura e esquema operativos, o mosaico é o único modelo que lhe permite explicar adequadamente sua atividade efetiva e articular claramente o duplo problema – sociológico e estético - que está no cerne de seu empreendimento: não apenas denunciando a divisão social e mostrando por que e como essa sociedade fragmentada ainda se mantém coesa [...] Um mosaico, afirmamos desde o início, é no sentido mais geral uma realidade determinada por dois polos em tensão: o da unidade do todo, por um lado; a da descontinuidade dos elementos constituintes, por outro lado. Isso equivale a definir o mosaico como um intermediário circunscrito por dois pontos de ruptura (a unidade sem descontinuidade ou a descontinuidade sem unidade).

---

[54] Trecho original: "*La mise en abyme peut servir de support à un discours humoristique, en ce qu'elle perturbe les places et rôles traditionnels, et que le reflet de son jeu de miroirs ressemble parfois à celui, déformant, des fêtes foraines*" (Saint-Amand, 2019, p. 74).

[55] Trecho original: "à rendre l'invisible visible" (Dallenbach, 1977, p. 100).

Nessa dinâmica, o diário de Eduardo, a partir do imenso cat**álogo feminino,** permite questionarmos: como expressar a continuidade da forma a partir da descontinuidade do material?

De fato, a trilogia constrói, por meio de recortes variados, imagens fragmentadas do feminino, quase como se a mulher não pudesse ser inteira aos olhos da sociedade. Nesse processo de remontagem, cada reordenação traz à tona um novo todo, já que ressignifica cada uma das partes, permitindo que elas apresentem-se em sua pluralidade. Portanto o mosaico articula claramente "a questão do Um e do múltiplo, do geral e do particular" (Dallenbach, 2001, p. 34), colocando em posição central o problema nevrálgico da ordem e da desordem sociais.

Em suma, a *mise en abyme*, a partir do mosaico, permite analisarmos não somente os valores do meio social sobre a obra rebeliana, mas, sobretudo, a inflexão da obra sobre o meio. Ocorre, assim, conforme formulado por Antonio Candido (2006, p. 29), a preocupação de averiguar a realidade social como componente da estrutura literária, bem como a constatação de que conhecer a fundo essa estrutura significa também conhecer a história que a literatura ajuda a construir:

> [...] a arte é social nos dois sentidos: depende da ação de fatores do meio, que se exprimem na obra em graus diversos de sublimação; e produz sobre os indivíduos um efeito prático, modificando a sua conduta e concepção do mundo, ou reforçando neles o sentimento dos valores sociais.

Portanto, os traços da vida social na narrativa rebeliana demarcam-se ao longo da trilogia, na medida em que narra o âmbito privado entrelaçando-se ao coletivo. Estamos diante de um escritor que procura desnudar a realidade imediata de sua época.

1.3 CRIANÇAS DUPLICADAS

Ao longo do diário de Eduardo surgem personagens femininas infantis que ocupam um lugar emblemático em suas memórias. Não fazendo parte das categorias de "desviantes" e "do lar" aqui discutidas, tais crianças, localizadas numa espécie de limbo, reafirmam o jogo de espelhos que configura a trilogia rebeliana, de modo a retomar, ao longo do texto, episódios e caracteres. São elas: Cristianinha, a irmã de Eduardo que morreu na infância; sua filha, Vera; a inglesinha Elisabete e Natalina, colega de escola com quem cometeu o primeiro ato de agressão em sua vida.

Como veremos, essas personagens espelham-se umas às outras, como é o caso de Cristianinha e Vera, além de espelharem situações que fazem parte da vida retratada no diário de Eduardo.

A menina Cristianinha é constantemente referida por Eduardo. Trata-se de um *leitmotiv* bastante reevocado ao longo da trilogia. Nas primeiras entradas do primeiro tomo, tomamos conhecimento de sua morte: "Cristianinha fora uma morte de boneca e o enterro, em caixãozinho azul-celeste, tivera para nós, ainda muito pequenos, um quê de alvoroço e festa [...]" (Rebelo, 2002, p. 25). Posteriormente, Eduardo caracteriza-a como uma "criaturinha enxuta, quebradiça, buliçosa e espevitada" (Rebelo, 2002, p. 140), que gostava de cantar e de contar as mais variadas histórias.

Nas memórias de Eduardo, o falecimento de Cristianinha é sempre conectado a outras mortes, como a de seu Silva, professor de História do Brasil, gago e pigarrento; e a de Solange, moça que morreu queimada. No cemitério, ao levar flores ao túmulo da irmã, Eduardo enuncia em tom nostálgico:

> Contemplo retratos em esmalte – a moça era tão bela, bela como Solange consumida pelas chamas, que bonita não poderia ter sido Cristianinha! Confiro datas, releio inscrições de imorredoura saudade em jazigos sem flores. Lembrei-me de Seu Silva, de repente. Quem se lembraria dele? Há quantos anos a sua sepultura não veria uma flor? (Rebelo, 2002, p. 141).

O cemitério e a morte de Cristianinha reforçam o dado central das memórias de Eduardo diante da fixação no passado. Constantemente ele busca seus mortos e, entre eles, as mulheres mortas que passaram por sua vida, "como quem procura manter vivo na memória aquilo que o tempo quer condenar ao esquecimento da morte" (Frungillo, 2001, p. 109). Assim, fixar a memória nas páginas do diário equivale a ressuscitá-la e compreendê-la.

A presença de Cristianinha estará na caracterização de Vera, com quem partilhava diversas semelhanças, desde o físico ao gosto por cantar. Muito afinada, a menina cantava marchinhas carnavalescas fantasiando-se de "malandro": "Ao meio-dia já se exibia na calçada devidamente travestida, com viveza que lembrava Cristianinha, semelhança que nunca escapara a papai, que pouco pôde desfrutar a alegria que lhe deu a neta" (Rebelo, 2002, p. 370). Legitimadas as semelhanças, Eduardo incomoda-se: "Vera tem sestros de Cristianinha. Os ramos pertencem à árvore – pensamento que assusta um pouco" (Rebelo, 2012, p. 97).

O termo "árvore" permite uma associação com a ideia de "árvore genealógica" e seus símbolos, os quais atravessam o tempo e as gerações. Perpassa, então, no relato de Eduardo, o sentido de ancestralidade ligado a essa imagem no exercício do resgate histórico das pessoas e lugares que fizeram parte de sua vida:

> Por força duma obrigação, passei hoje pela velha casa, a casa que foi nossa. [...] O caramanchão já não existe, as roseiras e as azáleas morreram ou foram cortadas, as últimas mangueiras debruçam-se com mais galhuda ousadia sobre os últimos quintais vizinhos. [...] Quando tudo parecia ser melodia extinta, eis que volta a velha música do coração. É a mesma, a mesma melodia antiga, onde a par de algumas notas sombrias corre um largo e alegre sopro de primavera. (Rebelo, 2009, p. 504-505).

Entende-se que na pena de Eduardo há raízes profundas que o ligam ao passado, num movimento em retrovisor, em direção às origens, o que muito se afina com a ideia de retomada contida na essência da *mise en abyme*. A visita ao mundo da infância é ainda uma descida às profundezas abissais do seu ser. Ao ver sua identidade pessoal de forma quase fílmica, Eduardo retoma e completa as memórias, em estado de contemplação e reflexão: "Éramos felizes? Talvez que as crianças só sejam descuidadas, ou melhor, que a infância tem algo de anestésico, sem o que nenhuma subsistiria aos choques e aos traumatismos familiares, aos impactos do mundo que existe além dos portões caseiros [...]" (Rebelo, 2002, p. 391).

Além de Cristianinha, encontramos como elemento de revisitação a presença da personagem Elisabete, a menina inglesa, vizinha de Eduardo, que o "iniciou nos capitosos segredos dos porões escuros e dos quartos desertos" (Rebelo, 2002, p. 450). Caracterizada como loura, rosada e de olhos claros, a menina "parecia uma pintura de Reynolds", muito risonha e simpática.

A presença da pintura com a arte de Joshua Reynolds (1723-1792) afina-se com o que Lucien Dallenbach (1979) concebe como "suporte temático" da *mise en abyme*. Para o teórico, o conceito só atinge "o pleno regime" quando colocado ao lado de exemplos conectados às demais artes, como "pintura, peças de teatro, fragmentos de música, romance, conto, novela, tudo se passa como se a reflexão, para levantar voo, devesse pactuar com uma realidade homogênea da que reflete: uma obra de arte" (Dallenbach, 1979, p. 67).

Com efeito, literatura/escrita e pintura/imagem são, na trilogia rebeliana, potencialidades que jogam juntas e complementam-se no diário de Eduardo, de modo a oferecer mais caminhos ao leitor. A menção a "uma pintura de Reynolds" espelha a construção da personagem Elisabete, demarcando o encantamento de Eduardo pela menina.

De acordo com Luís Nascimento (2020), Joshua Reynolds foi um célebre pintor inglês do século XVIII, e suas telas invocavam os valores morais clássicos. Em linhas gerais, seu estilo era marcado pela utilização de cores em fortes pinceladas, retratando, em sua maioria, mulheres e crianças. Embora o narrador não tenha mencionado uma tela específica do artista, é possível pensarmos naquelas que retratam crianças, como é o caso de *Miss Jane Bowles* (1775) e *The strawberry girl* (1772-73). Nessas duas telas observamos a exímia representação de meninas coradas, com feições clássicas, de olhos claros e expressões pueris, que dominam plenamente o quadro.

Figura 1 – *Miss Jane Bowles* (1775), de Joshua Reynolds – oil on canvas, 109 cm x 89 cm

Fonte: The Wallace Collection[56]

---

[56] Disponível em: https://wallacelive.wallacecollection.org/. Acesso em: 26 out. 2023.

Figura 2 – *The strawberry girl* (1772-73), de Joshua Reynolds – oil on canvas, 94 cm x 84 cm

Fonte: The Wallace Collection[57]

Seduzido por essa imagem, Eduardo recorda as idas ao cinema, às matinês tijucanas de quintas e domingos, em que desfrutava da companhia de Elisabete: "Apanhava-a na porta de casa, íamos de mãos dadas, ela, de saiazinha muito curta, as pernas muito alvas, cheirando a sabonete inglês [...]" (Rebelo, 2009, p. 508).

Os episódios vão se reconstruindo fragmentariamente na trilogia, confirmando que Elisabete foi o primeiro amor de Eduardo, que sofreu imensamente quando, "de uma hora para outra", ela retornou às terras britânicas. Na ocasião de despedida, Lena, a mãe de Eduardo, presenteia--lhe com o "brochezinho de crisólitos", herança da "coqueteria mageense", sendo repreendida por Mariquinhas: "Logo o brochezinho que pertenceu à baronesa é que você foi dar... É insensato!" (Rebelo, 2009, p. 509).

---

[57] Disponível em: https://wallacelive.wallacecollection.org/. Acesso em: 26 out. 2023.

Durante os três tomos, a lembrança dessa personagem retorna obsessivamente, envolta pela curiosidade em torno de seu paradeiro, uma vez que sumira do campo de visão do narrador já na infância. Desse modo, Eduardo revisita o mundo da infância por meio de uma descida às profundezas abissais do seu ser. Ao ver sua identidade pessoal de forma "fílmica", ele retoma e completa as memórias.

Entrelaçada aos demais fragmentos de memória, a imagem de Elisabete desdobra-se em Hebe, filha do amigo Garcia, que tinha o sonho de tornar-se bailarina. Assim como Cristianinha, Hebe faz parte das crianças que morrem cedo e retornam na memória do narrador. Sofrendo de doença no intestino, pereceu, tornando-se "um trapinho de gente": "Enquanto via dançar os jovens do balé Joos, morria Hebe, a incipiente dançarina" (Rebelo, 2012, p. 297). Ao longo da trilogia, Eduardo caracteriza-a como uma menina frágil e desamparada, tratando-a com ternura: "Hebe traz-me Elisabete. Elisabete, que às vezes assistia o nosso almoço, de água na boca e olho comprido" (Rebelo, 2002, p. 309).

Além disso, a inglesa Elisabete também é espelhada na amiguinha da filha Vera, como se dá a ver na entrada de 28 de setembro de 1942, do terceiro tomo: "Vera tem uma amiguinha loura, que mora em frente, e a precocidade da garotinha coloca-me, de mão dada a Elisabete, no proscênio tijucano, personagens de Liliputes, com carambolas, abius, sapotis e balanço na mangueira" (Rebelo, 2009, p. 155).

Fato é que a gênese possível da personagem Elisabete estaria no conto *Vejo a lua no céu*, de *Três caminhos* (1933), a partir da personagem Dô, vizinha de Edgar. Assim como Elisabete, Dô irá embora com a mãe.

Com Elisabete, Eduardo sente a perda e a saudade, que por vezes visita-o na vida adulta: "E Elisabete, que terá sido feito dos seus olhos de miosótis?" (Rebelo, 2009, p. 159). Conforme indica Mário Frungillo (2001, p. 74), "se aceitarmos que as duas personagens, Dô e Elisabete, têm sua gênese na história do primeiro amor de Marques Rebelo, poderemos ter uma ideia do seu método de recriação ficcional de experiências vividas". Portanto, pelos jogos de espelhos ocorre a reverberação do passado refletindo-se agudamente no presente. É válido destacar que tais procedimentos discursivos estendem-se por repetições e acréscimos trazendo, na fatura diversificada, os sentidos anteriores.

Na análise de *O espelho partido*, evidencia-se a presença de um movimento em que ao leitor é dada a tarefa de unir as partes. Com a estratégia das associações livres já aqui comentada, Marques Rebelo utilizou mecanismos que conduzem ao leitor para frente e para trás nas memórias de Eduardo, por meio dos jogos de espelhos e das montagens. No diário há marcas visíveis dessa força hipertextual, de propriedade labiríntica, principalmente pelas entradas que se referem a novas personagens. Conforme avançamos na leitura dos três tomos identificamos o traçado não linear de escrita e a movimentação, que pode ser mental ou física, uma vez que, em muitos casos, precisamos folhear o livro, pulular de uma página a outra, retornar a entradas anteriores ao encontrarmos fragmentos repetidos, enfim, tergiversar a leitura. Essa dinâmica acaba por implicar uma escrita permutada entre o jogo do antigo e do novo.

Assim, deparamo-nos com a personagem Natalina, colega de Eduardo nos tempos da escola. De nariz arrebitado e enormes laços de fita na cabeça, essa menina marcará as "primeiras agressões femininas" (Rebelo, 2012, p. 90) da vida de Eduardo. Lamentavelmente, usando de sua superioridade masculina, ele provoca-a, chamando-a de "burra". No entanto Natalina revida com careta e resposta irônica: "— Burro és, de quatro pés, comendo capim debaixo de meus pés! - e bateu furiosamente com os pés no chão, como se esmigalhasse uma barata, um verme, qualquer coisa imensamente nojenta" (Rebelo, 2012, p. 90).

Ferido em sua honra, Eduardo agride-a com unhadas no braço e é extremamente repreendido pelo diretora da escola, que lhe estabelece como castigo escrever 50 vezes a seguinte frase: "Em mulher não se bate nem com uma flor". O caso rendeu-lhe castigo imposto pela mãe. No galinheiro, ele reflete sobre a agressão sem filtrar a gravidade do assunto:

> Se se batia numa criança, por que não se podia bater numa mulher? E por que Seu Políbio dava na sua de criar bico, e papai, mamãe, doutor Vítor, Ataliba, todos dispensavam a ele tão reverenciada consideração? E por que, sendo fato sabido e comentado que o marido de Rosa a maltratava, não rompia com ele, nem Mimi e Florzinha, que eram tão severas, deixavam de visitar o cunhado espancador? Por que havia dois pesos e duas medidas? (Rebelo, 2012, p. 92-93).

Ainda que traga uma cena ocorrida na infância com o pensamento do menino Eduardo, essas reflexões evidenciam a naturalização da violência contra a mulher, apoiada em diversas construções históricas, como o patriarcado, o sexismo e o machismo. Pode-se dizer que a misoginia de Eduardo valida essa violência, pois toma como natural as situações de desigualdade e de poder. Seus questionamentos banalizam e reforçam o sentido de que a violência contra as mulheres seja tolerada ou vista como algo próprio da natureza masculina. Infelizmente, as relações sociais de gênero construídas historicamente definiram funções e criaram normas a serem seguidas, oprimindo a figura feminina.

De certo modo, a cena da infância de Eduardo antecipa a fase adulta, quando o desejo de controle e poder é praticado contra Catarina na ocasião em que ele lhe desfere um tapa. Ao modo de espelhos deformantes, o episódio oferece importante reflexão, contribuindo para reavaliarmos a naturalização da violência contra a mulher. Conforme sinaliza Antonio Candido (1999, p. 85):

> A literatura confirma e nega, propõe e denuncia, apoia e combate, fornecendo a possibilidade de vivermos dialeticamente os problemas. Por isso é indispensável tanto a literatura sancionada quanto a literatura proscrita; a que os poderes sugerem e a que nasce dos movimentos de negação do estado de coisas predominantes.

Para tanto, é necessário que sejamos expostas a obras que nos provocam choques, contribuindo para uma mudança social por meio da literatura, a qual nos permite observar diferentes modos e consequências da violência que, por vezes, são invisibilizadas socialmente.

Os processos de retomada permitem ao autor a descoberta de um modo de construção pautado sobremaneira na dinâmica entre o mesmo e o outro. Trata-se de uma gama de relações que intui que o livro ainda está por se fazer, com possibilidades de realização que aguardam a intervenção do leitor, reafirmando a relação entre ele e a obra.

A *mise en abyme* relaciona-se, portanto, à construção de personagens infantis geminados, um gerando o outro, ao modo das infinitas bonecas russas: "[...] estou sempre escrevendo, mentalmente escrevendo, não um, mas cem livros" (Rebelo, 2002, p. 40).

A esse respeito, vale recorrermos ao conceito de intertextualidade reelaborado por Tiphaine Samoyault (2008, p. 47), a partir da noção de memória:

> A literatura se escreve com a lembrança daquilo que é, daquilo que foi. Ela a exprime, movimentando sua memória e a inscrevendo nos textos por meio de um certo número de procedimentos de retomadas, de lembranças e de reescrituras, cujo trabalho faz aparecer o intertexto.

Com base na ideia da memória da escritura, ponto crucial da intertextualidade, Samoyault enfatiza as duas propostas da história da literatura, "Tudo está dito" e "Digo-o como meu", conforme consta no início de *Caractères* (1688), de Jean de La Bruyère (1645-1696): "Tudo está dito, e chegamos demasiado tarde, há mais de sete mil anos que há homens, e que pensam" (*apud* Samoyault, 2008, p. 68).

Nesse âmbito, escrever implica reescrever, como registro de uma "criação continuada", elemento responsável pelo aspecto lúdico da literatura. Nesse jogo, referências e modelos são colocados em cena, oferecendo novos sentidos à apropriação.

1.4 FRACTAIS

O princípio da *mise en abyme* abrange diversas esferas do nosso universo: genética e biologia, botânica, matemática, literatura, linguística, artes gráficas, cinema etc. Assim, a concepção de personagens duplicadas na obra rebeliana permite observarmos uma escrita em fractal, ideia que nos ocorre a partir dos preceitos da Geometria dos Fractais, teoria elaborada pelo matemático franco-americano Benoît Mandelbrot (1924-2010) na década de 1970.

Em 1975, Mandelbrot, visionário e inconformista, teve a genialidade de perceber que a natureza é repleta de formas que estão constantemente se reproduzindo de acordo com padrões repetitivos. Nesse entendimento, o termo "fractal", originário do latim *fractus*, deriva do verbo *frangere*, cujas significações englobam os sentidos de quebrar, fender-se, ou seja, "criar fragmentos irregulares, fragmentar" (Barbosa, 2002, p. 9). Diante desse corolário, o estudioso atentou-se a formas e padrões geométricos que se repetiam infinitamente, ainda que restritos a um espaço finito, para além das dimensões euclidianas:

> [...] um grande número de formas naturais - por exemplo as formas das montanhas, de nuvens, das pedras partidas e das árvores - são demasiado complexas para a geometria euclidiana. As montanhas não são cones. As nuvens não são esferas. As costas das ilhas não são círculos. Os rios não correm em linha recta. Assim, se quisermos estender a aplicação da ciência ao estudo destes aspectos da natureza, torna-se necessário utilizar uma ferramenta mais elaborada que a geometria euclidiana. (Mandelbrot, 2003, p. 65).

Os fractais configuram-se em formas determinadas pela propriedade de autossemelhança, uma vez que uma parte da figura reflete, de maneira exata ou aproximada, sua totalidade. Um dos destaques da formulação de Mandelbrot é o estudo a respeito das costas da Bretanha, em que cada trecho, com seus cabos e baías, é similar a uma miniatura de todo o litoral.

Mandelbrot (2003, p. 86-87) também destaca as interações entre os fractais e a matemática, ao afirmar: "Ao longo do seu longo percurso, a matemática tirou partido do fato de não tentar destruir a unidade 'orgânica' que parece existir entre o abstrato e o intuitivo, duas atividades humanas aparentemente disjuntas, mas igualmente importantes". Assim, no que concerne ao campo artístico, no estudo *La géométrie fractale de la nature*, publicado em 1982, o estudioso observa que certas xilogravuras do pintor japonês Katsushika Hokusai (1760-1849) lembram fractais. É o caso de *A grande onda de Kanagawa* (1830-1833), primeira da série de 36 vistas sobre o Monte Fuji. Nela, o artista retrata uma enorme onda acompanhada de pequenas ondas que ameaçam um barco de pescadores na província de Kanagawa.

Figura 3 – *A grande onda de Kanagawa*, de Katsushika Hokusai, 25 cm x 37 cm

Fonte: OKANO, 2016, p. 332

Na gravura de Hokusai, o efeito *dégradé* (*bokashi*) potencializa o aspecto fractal, sendo utilizado para as descrições do céu e do mar. Tal efeito surgiu igualmente pelo desejo da representação da profundidade na obra. O artista teria tentado traduzir, ao estilo japonês, o aspecto da pintura ocidental com a valorização da densidade da atmosfera.[58]

A Geometria dos Fractais estende-se a diferentes áreas do conhecimento, tais como às ciências naturais, no que se refere ao formato e às dimensões de nuvens, relâmpagos, plantas e árvores, bem como a outros campos, como a computação, a engenharia, a biologia, a geografia, a física, a arte, entre outros. Essa geometria permite diferenciar formas complexas que, entre ordem e caos, permanecem invariantes para qualquer mudança de escala. Daí, então, ser possível falar em "autossimilaridade escalar". O princípio aí concebido como autossimilaridade permite afirmar que os subsistemas que compõem um sistema complexo sejam equivalentes ao próprio sistema. Trata-se, portanto, de uma estrutura com homotetia interna,[59] que pode ser transposta à criação literária, embora seja declinada conforme suas variantes.

O chamado "Manifesto Fractalista" elaborado na França e publicado em novembro de 1997 na revista *Art Press* por pintores, artistas plásticos e grafiteiros, defende que a arte em questão seja ligada aos fractais, independentemente da infografia. Esse coletivo de artistas[60] não se baseia, portanto, numa técnica, mas, sobretudo, no valor paradigmático da complexidade caótica que "constitui a dinâmica privilegiada da pesquisa contemporânea das práticas e do saber" (Bontems, 2001, p. 135, tradução nossa).[61]

Nesse entendimento, a arte fractalista não se define por uma técnica de construção dos seus objetos nem por uma incorporação de formas autenticamente fractais na obra de arte, mas, antes, pela referência ao valor estético e significativo do fractal. A esse respeito já não existe necessariamente uma relação direta entre as obras fractalistas e os modelos matemáticos, como bem reconhece Susan Condé:

---

[58] As ideias aqui desenvolvidas fazem parte do texto "*O espelho partido*, de Marques Rebelo: a escrita como fractal", escrito para os anais do II Congresso "Poéticas da Proximidade: expansões contemporâneas do literário", ocorrido em maio de 2023, na Universidade Presbiteriana Mackenzie. A publicação encontra-se no prelo.

[59] Ampliação ou redução de distâncias e áreas a partir de um ponto fixo. Cf. SANTOS, Joelma Nogueira. *Matemática, desenho geométrico*. Fortaleza: Universidade Estadual do Ceará, 2015, p. 78.

[60] Edward Berko; Miguel Chevalier; Pascal Dombis; Carlos Ginzburg; Cesar Henao; Jim Long; Steven Marc; Jean-Claude Meynard; Joseph Nechvatal; Yvan Rebyj; Pierre Zarcate.

[61] Trecho original: "*constitue la dynamique privilégiée de la recherche contemporaine des pratiques et du savoir*" (Bontems, 2001, p. 135).

> Não há nenhuma relação artística entre as obras de arte aqui apresentadas e as imagens fractais sintéticas feitas por cientistas usando algoritmos e a informática. Os artistas do movimento fractalista situam o seu trabalho num esquema de metaforização e poetização da fractalidade. (Condé, 1999, p. 73 *apud* Bontems, 2001, p. 137, tradução nossa).[62]

Para Susan Condé (1993, não paginado), o mundo é um *continuum* de fractalidade, de ordem autogerada em ciclos recursivos e infinitos, "como estrutura que celebra suas próprias dobras".

Tais preceitos não deixaram de ser sentidos na escrita literária. Devido à autossimilaridade que dirige a relação entre a narrativa e alguns de seus elementos, o princípio da sensibilidade às condições internas é capaz de demonstrar como qualquer modificação mínima dos elementos que estão em uma relação metonímica com o romance leva a outras mudanças significativas no texto.

Complementando essa argumentação, Alain Goulet (1996), a partir das obras de Victor Hugo, André Gide e Alain Robbe-Grillet, argumenta que diversos elementos referentes ao autor, ao leitor e ao texto são capazes de atribuir aspectos fractais às narrativas. Desse modo, o escritor, considerado "um sujeito sem identidade estável" (Goulet, 1996, p. 153, tradução nossa),[63] encontra na obra literária sua elaboração projetiva, uma vez que está dentro e de acordo com sua criação, atuando sobre o leitor.

No texto de Alain Goulet, a *mise en abyme* fornece ao romance uma natureza fractal, confirmando o princípio da autossimilaridade. Nesse sentido, semelhante aos objetos fractais, que se definem como estruturas sem centro, o universo romanesco consiste em várias microestruturas embutidas e potencialmente infinitas, que têm relações similares com a macroestrutura.

Profusamente autorreflexivo, *O espelho partido* é concebido segundo um modelo recursivo em que o todo é semelhante às suas partes componentes. Para compreender as fontes reflexivas, orientamo-nos para o seu estado nascente. O ponto de partida para essa apreensão fragmentária vem do olhar desorganizador de Eduardo, cabendo ao leitor organizar.

---

[62] Trecho original: "*Il n'existe aucun rapport artistique entre les oeuvres d'art présentées ici et les images du fractal synthétique qui sont faites par des scientifiques utilisant les algorithmes et l'informatique. Les artistes du mouvement fractaliste situent leur travail dans un schéma de métaphorisation et de poétisation de la fractalité*" (Condé, 1999, p. 73 *apud* Bontems, 2001, p. 137).

[63] Trecho original: "*un sujet sans identité stable*" (Goulet, 1996, p. 153).

Com efeito, a natureza da trilogia perpassa uma espécie de bricolagem e pode ser facilmente intercambiável. Ora, parte e todo são elementos complementares e particulares, sem deixarem de apresentar uma tensão.

Tais observações afinam-se com os argumentos de Dallenbach (1990) a respeito da obra de Claude Simon, mais especificamente quanto aos planos de montagem dos livros *La route des Flandres* (1960) e *Triptyque* (1973). No primeiro, narra-se uma das batalhas da Segunda Guerra Mundial, centrada em um grupo de personagens de soldados da cavalaria. Esse grupo, traduzindo, ao mesmo tempo, a interioridade individual e o drama coletivo, é o que restou de um batalhão e caminha pela estrada durante o fim da guerra. A trama apresenta um fio condutor complexo, que o leitor tem grande dificuldade de seguir. Já *Triptyque* é estruturado em três fragmentos interdependentes de grande expressividade cromática. Trata-se de um quadro descritivo composto por três histórias que se imbricam mediante um jogo de associações de cores, formas e sons, que revelam planos profundos de identidades entre as imagens descritas.

Com as obras aqui descritas, Dallenbach (1990) discute o traço fundamentalmente comum à escrita simoniana, qual seja, a composição por fragmentos ou o jogo de espelhos. Assim, o teórico indica duas possíveis "descobertas" que o pesquisador encontrará na porta de entrada do "ateliê" de Claude Simon, a saber: a "bricolagem analógica", presente nos diversos níveis da produção do texto, e a própria "gênese", palavra que deve ser tomada ao pé da letra, uma vez que a partir dos diversos aglomerados profusos com que se vê confrontada, apresenta-se como uma espécie de "magma", que precede o ato da escrita, com rascunhos e fragmentos. Evidentemente, os dois elementos auxiliam o escritor a "conquistar uma ordem ou um cosmos textual num contexto anárquico e indiferenciado" (Dallenbach, 1990, p. 137, tradução nossa).[64]

Dispondo de um grande número de fragmentos escritos "às cegas", Claude Simon percebeu que tais "materiais de construção" não formavam um livro e que precisava de um "fio de Ariadne" tanto para sair do labirinto em que se encontrava como para disciplinar sua errância e transformar o rizoma textual produzido por seu trabalho paciente num dédalo esteticamente admissível. Assim, foi possível equalizar e compor "em retábulo" as três séries de *Triptyque*, a partir das várias nuances de cores:

---

[64] Trecho original: *"conquérir un ordre ou un cosmos textuel sur un fond anarchique et indifférencié"* (Dallenbach, 1990, p. 137).

> [...] para visualizar seu texto e dele se dar uma representação adequada, Simon optou por atribuir uma cor a cada personagem e a cada tema e, com a maior precisão possível, representar cada um dos fragmentos com uma mancha multicolorida. Faltava ainda harmonizar estas manchas, formá-las numa sequência cromática e utilizar esta faixa colorida para colocar os fragmentos ao lado. (Dallenbach, 1990, p. 138, tradução nossa).[65]

Por isso a concepção de Claude Simon em torno da escritura literária desvela-se como uma atividade aproximada ao ofício dos *bricoleurs*, ou seja, ao trabalho artesanal, que alude paradoxalmente ao sentido de unidade heterogênea. No caso simoniano, esse aspecto dá margem para que o texto seja apreendido pelo jogo lúdico da linguagem, na escritura fragmentária que se entrelaça, procurando sanar a descontinuidade presente na unidade global do texto.

Voltando à trilogia rebeliana, verificamos movimento semelhante, embora menos operacional do que em Claude Simon, no que tange à construção da obra em diário e à escala das personagens. O conceito de bricolagem é aí propício, uma vez que do exame das mulheres de *O espelho partido* resulta a imagem de uma escrita reciclada, que se espelha nas personagens de ficções anteriores. No diário de Eduardo, nesse sistema não há qualquer referência a um ponto central ou a um itinerário predeterminado:

> Para tanto, foi necessário inovar a forma do diário ficcional, de maneira a permitir que, ao contrário da expectativa que esse tipo de romance desperta no leitor, ele não tratasse apenas do presente imediato, mas também abrisse espaço para a evocação do passado através da memória, e lançasse um olhar para o futuro através das expectativas e temores do narrador. (Frungillo, 2001, p. 1).

As anotações datadas cruzam-se e completam-se a partir de um processo de fragmentação de memórias. Parte e todo são aí elementos complementares e particulares. De *Oscarina* à trilogia, todas as descrições sobre as mulheres confirmam a prática da escrita rebeliana como um quebra-cabeças, isto é, como uma imagem composta por peças cujo sentido completo dá-se somente quando colocadas juntas. Tais personagens fazem

---

[65] Trecho original: "[...] *afin de visualiser son texte et de s'em donner une représentation adéquate, Simon a choisi d'attribuer une couleur à chaque personnage et à chaque thème et, avec la plus grande précision possible, de figurer chacun des fragments par une tache multicolore. Restait encore à harmoniser ces taches, à les constituer en suite chromatique et à s'aider de cette bande-couleur pour monter les fragments en regard*" (Dallenbach, 1990, p. 138).

parte de um conjunto especular em que os espaços vazios devem ser ocupados pela obra à venir, ou seja, pela materialidade de seu relato em diário. Inacabada também é a literatura de Marques Rebelo, sempre à espera do texto novo, anunciado pelos textos que o antecederam.

Ainda com relação às mulheres até aqui mencionadas, cabe observamos traços comuns que se repetem à trajetória de cada uma delas, quais sejam, suas vidas vazias e infelizes, seus destinos trágicos ou apagados. Independentemente do estrato social a que pertencem, destaca-se o fato de que todas essas mulheres acabam sendo indiferentes e incompletas para Eduardo, uma vez que ele não é feliz e não se encontra com nenhuma delas, abandonando-as ou sendo por elas abandonado, confirmando mais uma vez a epígrafe presente na abertura da obra.

O que une essas mulheres é o fato de que todas revelam-se como "indivíduos solitários em busca de um lugar no mundo, lutando com suas próprias forças contra uma ordem social adversa, que os tinha condenado desde o nascimento a uma vida medíocre e apagada" (Frungillo, 2001, p. 44). Mesmo no caso de Susana Mascarenhas, uma vez que a origem abastada não a favorece psicologicamente, fazendo-a definhar como o cenário de seu salão de festas, numa vida devastada pelo tédio e solidão.

No plano da escrita, Eduardo também confronta, em diversos momentos, as identidades dessas mulheres, apresentando, em discurso direto, as máximas que traduzem as diferenças de suas ideias. Como se pode observar com o frequente questionamento de Lobélia e a "mansuetude" de Luísa:

> — Assim é que o caso não pode ficar. Absolutamente não pode. Não tolero mais! (Lobélia).

> — Pensar é um sofrimento! Não quero mais pensar nisto! É demais! O que você fizer, está feito. (Luísa). (Rebelo, 2002, p. 393).

Ao modo de um caleidoscópio, o enredo abismal da trilogia avança e recua com as variadas mulheres deslocando-se em voltas que envolvem e confundem o leitor, de modo a enlaçá-lo ao labirinto, à beira de um impasse, sem quaisquer garantias. Nessa dinâmica, no diário de Eduardo sobressai-se o amálgama de presente e passado. Como reforçam os versos de Lêdo Ivo na abertura do segundo tomo: "Os rostos ficam no espelho,/ Haja sol ou noite escura" (Rebelo, 2012, p. 5).

O espelhamento que Eduardo mantém em relação à construção das figuras femininas de *O espelho partido* estende-se a personagens de obras anteriores, pois há muito de Gilabert, de *Oscarina*, em José, o Tommy Jaguar, de *Marafa*, assim como muito deste na cantora Lenisa, de *A estrela sobe*.

Todas essas "camadas" de organização textual apresentam aspectos de autossimilaridade (jogos de analogias, de correspondências), os quais geram a forma fractal desse objeto estético, puramente textual, que é a obra romanesca. Assim como os objetos fractais (que são estruturas sem centro), o universo ficcional rebeliano é composto por diversas microestruturas embutidas (potencialmente infinitas) que têm uma relação de semelhança com a macroestrutura embutida. Essa perspectiva é sentida de forma bastante aguda por Eduardo em seu diário, como notamos nas entradas de 10 de agosto e 12 de setembro de 1938, de *O trapicheiro*, respectivamente, a respeito das mulheres:

> As palavras não me acodem e os gestos me abandonam. [...] És Laura, Aldina, Elvira, Nazaré, Stela, Dagmar, todas elas. De uma tens os olhos, de outra tens o braço, teu andar de onda ficou num vulto do passado, tua voz é a de um amor perdido. Amo em ti todas elas. Rastejo-me a teus pés, os pés de Dagmar; beijo teu colo, o colo que é de Stela. (Rebelo, 2002, p. 450).

> É preciso cumprir as minhas promessas não falazes. Mas entre promessas e ação os dias se escoam. Luísa e Catarina. Luísa e Catarina. Luísa e Catarina. Catarina e Luísa. (Rebelo, 2002, p. 463).

Portanto, em *O espelho partido*, a existência de uma espécie de unidade semântica mínima permite-nos falar da obra como uma forma perfeita em que se articulam constantemente o seu ponto de partida e o seu ponto de chegada. Ao assumir a forma de uma repetição temática, essa unidade mínima é reiterada incessantemente ao longo de todo o texto, conferindo-lhe uma estrutura fractal. O que torna a abordagem única de Marques Rebelo é o fato de que tais elementos recursivos remetem à própria ontogênese da obra.

A *mise en abyme*, como dispositivo narrativo que destaca a estruturação da obra em vários níveis narrativos, postula, na trilogia rebeliana, a existência de três níveis: o da narração, o da história dentro da história e o da própria ficção. Como formula Lucien Dallenbach (1977, p. 136, tradução nossa) a respeito das potencialidades do conceito:

> Unificador do tempo e do espaço, este pivô não é apenas um ponto de concentração: também um centro de difusão,

> a sua influência é tal que, como uma pedra atirada em águas calmas, dá origem, sem perda de energia, a uma multidão de círculos concêntricos que giram em torno dele.[66]

Em suma, destacamos que o autor opera a negação de um modelo unívoco de personagem feminina, visto que amplia os seus perfis problemáticos. Esse procedimento permite a representação de diversas possibilidades da existência feminina frente ao meio social das décadas de 30 e 40 (a prostituta, a cantora, a cabrocha, a suburbana, a funcionária pública, a aristocrata etc.). Utilizando-se de diferentes recursos, Marques Rebelo reflete na construção dessas mulheres seu método de escrita, baseado sobremaneira na especularidade de temas e figurações que se repetem de maneira obsessiva no diário de Eduardo. Para finalizar este capítulo, ouçamos o próprio narrador-personagem:

> [...] penso muito, penso demasiado – que é minha cabeça senão a moenda que não cessa de esmigalhar os grãos, que o mundo e a vida me fornecem em infindáveis cornucópias, sem que contudo saia da ininterrupta trituração uma farinha para o pão que sacie a minha fome? Palha, somente palha. Palha e dor. (Rebelo, 2002, p. 42).

---

[66] Trecho original: *"Rassembleur de temps et d'espace, ce pivot n'est pas seulement un point de concentration: centre de diffusion aussi bien, son rayonnement est tel que, à l'instar d'une pierre jetée dans une eau calme, il donne naissance, sans déperdition d'énergie, à une multitude de cercles concentriques qui gravitent autour de lui"* (Dallenbach, 1977, p. 136).

O AUTOR *EN ABYME* OU
A CONSCIÊNCIA AUTOSCÓPICA

> *Nós terminamos, apesar de todo o nosso senso de realidade, por não distinguir o dia do sonho, como diria Rilke. E dessa confusão é que me foi saindo O espelho partido – caco a caco, mistura de biografia e ficção. Mas ao cabo de um grande espelho de minha e de outras vidas, igualmente ásperas, um espelho de nossa época. Ele é muito camuflado. Nele se confundem o homem e o escritor, sofrendo o mesmo drama – não saber para o que veio, não sabendo o que foi, não sabendo para onde irá e o que legará.*
>
> (Marques Rebelo)

Uma vez definida a tipologia das personagens femininas em diferentes grupos em *O espelho partido* e o movimento em retrovisor em relação às obras precedentes, o próximo passo é oferecer um percurso de análise capaz de depreender o chamado "autor *en abyme*", instância integrante da teoria da *mise en abyme*, formulada por Alain Goulet (2006) com base nas obras de André Gide e Paul Valéry.

A instância autoral é altamente problematizada em *O espelho partido*, uma vez que a trilogia parte do diário ficcional de um escritor que retoma a própria vida e obra, ao mesmo tempo que resgata a ficção precedente do autor Marques Rebelo. Ora, o autor constrói uma narrativa em dois níveis. No primeiro, o narrador Eduardo retoma sua vida a partir das lembranças das mulheres e, no segundo, desenvolve-se o recurso da *mise en abyme*, com o mesmo personagem contando nas páginas de seu diário a gênese de sua obra literária. Ao escrever o seu diário, Eduardo revê sua própria vida e obra, abrindo novas possibilidades para uma análise mais apurada da obra rebeliana.

Conforme já apontado pela crítica, a trilogia apresenta em seus princípios o entrelaçamento dos elementos autobiográficos e ficcionais. Ao aproveitar certos aspectos biográficos, transformando-os em objeto de sua narrativa, Marques Rebelo atinge não só os próprios personagens, mas também as expectativas dos leitores. E, mais, acrescenta ao discurso literário um debate teórico em que a questão do autor é investigada em diálogo com os preceitos da *mise en abyme*.

É notável o espelhamento estabelecido entre as identidades do autor empírico, Marques Rebelo, e do autor *en abyme*, o escritor Eduardo, protagonista do diário que acompanhamos. Questão de desdobramento, portanto. As fronteiras entre o escritor diegético e o autor real são eminentemente difusas, suscitando um universo ficcional autocentrado, dedicado à criação, refletindo por espelhamentos o ato escritural em suas fontes. Nessa dinâmica, o passado enquanto memória é entregue ao leitor a partir de um movimento poroso, sem quaisquer garantias, cujo conteúdo espelha as engrenagens da própria obra:

> [...] há óbvias semelhanças entre eles: do ponto de vista cronológico, seu tempo de vida coincide quase que exatamente. Também a semelhança dos nomes salta à vista: Eddy, verdadeiro nome de Rebelo, parece quase que um diminutivo de Eduardo, nome da personagem. No que se refere à carreira literária, podemos identificar sem grandes dificuldades algumas das obras de Eduardo com as de Rebelo: *Dulcelina*, pela rima, pode ser vista como disfarce para seu primeiro livro publicado, *Oscarina*. O título do romance *Rua das mulheres* de Eduardo se encontra nas primeiras linhas de *Marafa* [...] Ao final do primeiro tomo de *O espelho partido*, Eduardo entrega ao editor os originais de *A estrela*, cujo título simplesmente abrevia o do romance *A estrela sobe* de Rebelo. O mesmo acontece com *A porta*, que identificamos com *Stela me abriu a porta*, última obra de ficção publicada por Rebelo antes de iniciar seu romance cíclico. (Frungillo, 2001, p. 53).

Evidencia-se o esforço metalinguístico, sempre a notabilizar, desmontar e examinar os artifícios literários por meio do resgate de obras precedentes. Porém não se trata de procurarmos relações diretas do autor com o seu personagem e, sim, de vislumbrarmos a riqueza dos possíveis jogos especulares na escrita rebeliana: "O fenômeno estético da metaficção questiona a identidade da própria ficção. Ele percorre todos os gêneros literários e duplica a estrutura de cada um deles, assim como os personagens o fazem com seus autores e leitores" (Bernardo, 2010, p. 81).

Todavia há ressalvas entre as trajetórias de Marques Rebelo e de Eduardo. Nesse sentido, é lícito apontar que algumas obras da pena de Marques Rebelo estão ausentes no diário de Eduardo, tais como a coletânea *Três caminhos* (1933) e a peça teatral *Rua Alegre, 12* (1940), sob pena de incorrermos a equívocos e análises simplistas.

Sem se fundirem ou se excluírem totalmente, tais instâncias revelam-se vertiginosas, favorecendo espaços fronteiriços do jogo ficcional. Enquanto autor ficcional da trama que narra, Eduardo está a serviço da empreitada metaficcional do autor Marques Rebelo, que parece discutir e desautorizar criticamente a sua identidade de escritor ao exercício ficcional do narrador criado. A presença recorrente do espelho com quem Eduardo conversa durante toda a narrativa, reforça e recria os impasses em torno da natureza da obra. Vejamos um desses momentos bastante irônicos: "O espelho: – Tenho as minhas dúvidas de que este livro seja um romance... – Aceite-o como um breviário de matemática" (Rebelo, 2002, p. 398). Entretanto, mesmo negando, ao longo de toda a trilogia Eduardo procura novas formas de se escrever um romance, atingindo a liberdade possível.

Visto a certa distância, *O espelho partido* configura-se apenas como uma narrativa metalinguística. Nesse romance cíclico, o protagonista entende-se criado entre as considerações do próprio autor empírico recombinadas estilisticamente aos dilemas do personagem. Vista de modo mais próximo, a narrativa constitui um exemplar potente do "autor *en abyme*", uma vez que Marques Rebelo faz sua opção pelos jogos de espelhos, pelo movimento em retrovisor em torno da própria obra, confuso e deslocado, porém agudo e certeiro.

A respeito desse jogo ilusório, Lucien Dallenbach (1977), embora não utilize o termo "autor *en abyme*", atesta que a propriedade de um texto especular é tanto excluir o seu produtor empírico como incluir, no lugar desse sujeito expulso, um sujeito vazio fora da enunciação que ele sustenta, anônimo, apesar do nome que uma primeira página dá como seu, e impessoal, embora se faça passar por um indivíduo literário: "[...] fingir deixar o responsável da narrativa intervir em seu próprio nome, instituir um narrador, uma figura autoral e fazê-la endossar a um personagem" (Dallenbach, 1977, p. 101, tradução nossa).[67]

Nesse caso, o substituto está devidamente "credenciado". Cria-se, portanto, uma ilusão que garante e convence que o oculto revela-se por meio desse substituto. O mais eficaz, obviamente, é adorná-lo com a própria identidade do autor, cujo lugar deve ocupar "um ofício ou ocupação sintomática (a), um nome à clé (b) ou, ainda mais operante, um sobrenome que evoque o da página de título (c), nada mais é necessário para que um

---

[67] Trecho original: *"feindre de laisser le responsable du récit intervenir en son nom propre, instituer un narrateur, construire une figure auctoriale et la faire endosser à un personnage"* (Dallenbach, 1977, p. 101).

revezamento de representação seja estabelecido" (Dallenbach, 1977, p. 101, tradução nossa).[68]

Desde que seja emprestada do mesmo escritor, a *mise en abyme* autenticadora pode também refletir outras histórias, mesmo que o resultado não seja inteiramente semelhante. A partir do momento que apresenta as credenciais de uma autocitação participante de uma intertextualidade restrita, o substituto autoral passa a ter uma dupla função: de atualização, na medida em que revela o autor do livro lido e em que ele próprio aparece; e de retroação, revelando obras anteriores ou mesmo um conjunto romanesco.

Entre os vários exemplos oferecidos por Dallenbach (1977) para exemplificar esse procedimento está o romance *Docteur Pascal* (1893), vigésimo e último volume da série Rougon-Macquart, de Émile Zola. Criada para estabelecer laços entre os demais romances do ciclo, essa obra apresenta-nos um médico que surge como um "duplo emblemático" (Dallenbach, 1977, p. 102, tradução nossa)[69] do próprio autor: "Sobre essa atividade, o texto não deixa de nos informar de uma certa maneira: ele traz marcas ostensivas. Também, graças a ele, pode-se ter uma noção – que a ação do substituto vai, aliás, especificar – do que poderiam ser o agente e os processos de enunciação da narrativa" (Dallenbach, 1977, p. 102, tradução nossa).[70]

É justamente nessa zona fronteiriça que a *mise en abyme* revela-se interessada em espelhar constantemente a aventura da própria gestação da obra. Nesse impasse, é possível observarmos em *O espelho partido* um traçado metalinguístico inerente à escritura. As anotações de Eduardo são por vezes entrecortadas nos três tomos pela presença do espelho supracitado, o qual propicia reflexões do narrador acerca da própria obra, ao modo de máximas, como ocorre nas entradas de 26 de novembro de 1941 e 15 de janeiro de 1943, respectivamente:

> Volto a compulsar o diário tomado de gana destruidora – é só eu, eu, eu, eu, eu!
>
> O espelho me dissuade:

---

[68] Trecho original: *"un métier ou une occupation symptomatique (a), un nom à clé (b) ou, plus opérant encore, un patronyme évoquant celui de la page de titre (c), il n'en faut pas davantage pour qu'un relais de repésentation s'instaure"* (Dallenbach, 1977, p. 101).

[69] Trecho original: *"double emblématique"* (Dallenbach, 1977, p. 102).

[70] Trecho original: *"Sur cette activité, le texte n'est pas sans nous renseigner d'une certaine manière: il en porte les marques ostensibles. Aussi peut-on grâce à lui se faire une certaine idée – que l'action du substitut va d'ailleurs préciser – de ce que pourraient être l'agent et les procès d'énonciation du récit"* (Dallenbach, 1977, p. 102).

— O eu é importante, rapaz! (Rebelo, 2012, p. 578).

O espelho respondeu na tarde morta:

— Fracasso!

Entrava o samba pelo rádio como um eco, renovando a saleta do passado "na angústia que não posso recordar". (Rebelo, 2009, p. 186).

Dessa maneira, a trilogia é pautada por uma longa problematização da criação literária. São partilhados pelo narrador atitudes e comentários reflexivos acerca do acabamento da obra e sua gênese, tal como uma espécie de dobra especular sobre si mesma, pondo em causa a literatura de Eduardo e, ao mesmo tempo, a do autor Marques Rebelo, nos fundamentos do já citado *roman à clef*. Mesmo afirmando que os personagens eram de "formação compósita", Marques Rebelo admitiu, em carta ao poeta e escritor Paulo Mendes de Almeida, a inspiração provinda de pessoas reais, apostando nas afinidades entre fato e ficção. Como explica Luciano Trigo:

> [...] o pintor Lasar Segall virou Zagalo; Tristão de Athayde virou Martins Procópio; Jorge Amado virou Antenor Palmeiro (que se vê forçado a um exercício de contorcionismo ideológico quando é assinado o pacto germano-soviético); o editor José Olympio virou Vasco de Araújo; Augusto Frederico Shmidt (a quem, em anos de inimizade, Rebelo deu o apelido de "Gordinho Sinistro") virou Altamirano Azevedo; Carlos Lacerda virou o sôfrego jornalista Julião Tavares; José Lins do Rego virou Júlio Melo; o crítico Álvaro Lins virou Lucas Barros; e o personagem Jacobo Di Giorgio é fruto de uma simbiose entre Otto Maria Carpeaux e Paulo Rónai. (Trigo, 1996, p. 90-91).

Entre esses nomes, alguns sentiram-se ofendidos, outros agradeceram as homenagens, como ocorreu com Tristão de Athayde, na ocasião da primeira sessão da ABL logo após a morte de Marques Rebelo. Há também nomes que foram citados na íntegra, como Mário de Andrade, Carlos Drummond de Andrade e Arnaldo Tabaiá.

Com efeito, a opção pelo *roman à clef* interferiu na recepção de *O espelho partido*, provocando diferentes opiniões e contribuindo para complexificar o entendimento do enredo. As consequências não poderiam ser diferentes do que comumente ocorria nas origens desse gênero: o aspecto lúdico, passível de adivinhação da identidade dos personagens por parte dos leitores. As fronteiras entre o real e o ficcional são tênues, estabelecendo fortes laços com a realidade ali representada.

A trilogia tem como um de seus principais assuntos a vida literária na cidade do Rio de Janeiro e os impasses de um escritor às voltas com seus livros. Isso se justifica mediante a própria explicação de Marques Rebelo certa vez em uma entrevista: "Meus últimos livros, de mais difícil leitura para o povo, são livros também para escritores. Quem gosta do problema literário encontra ali alguma coisa, que são pesquisas, são achados, são encontros. A gente acha mais do que procura, mas o faz pelo exercício árduo da profissão" (Rebelo, s.d. *apud* Trigo, 1996, p. 107).

Ora, todo o diário de Eduardo conta com um número considerável de reflexões que buscam refazer sua trajetória de autor a partir de comentário a respeito de suas obras de forma a perscrutar o "problema literário". Como ocorre no final de *O trapicheiro*, quando Eduardo entrega ao editor o livro *A estrela*: "Deixo *A estrela* como se deixasse um pedaço de mim, pedaço doloroso, arrancado a duras penas [...] como se entregasse a filha amada a um desconhecido" (Rebelo, 2002, p. 499). Inevitável não pensarmos em *A estrela sobe* e no decorrer da trilogia nos títulos das outras obras mencionadas: *A porta* para *Stela me abriu a porta*, *Dulcelina* para *Oscarina* e *Rua das mulheres* como expressão que surge logo no início do romance *Marafa*.

A *mise en abyme* aí contida revela o código romanesco, denunciando a ilusão referencial da obra de Marques Rebelo. Para ampliar a significação desse estratagema narrativo é possível pôr em causa o procedimento que Alain Goulet (2006) concebe como *l'auteur en abyme*.

Segundo o estudioso, o conceito de *mise en abyme* revelou por vezes um emprego vago e abusivo. Assim, Goulet (1996) considera que a noção de "*l'auteur en abyme*" seja mais propícia para esclarecer, por parte do autor de uma obra, o enigma de si mesmo, além de oferecer melhor compreensão de si e de seu lugar no mundo: "O autor *en abyme* é talvez um pouco a história de Ícaro, o efeito das recaídas dos sonhos do autor mago, profeta e demiurgo, do rei que se vê nu" (Goulet, 2006, p. 39, tradução nossa).[71]

A referência às histórias de Ícaro, jovem que voou muito alto e acabou caindo nas profundezas do mar, e do "rei que se vê nu", já sugere, de saída, na leitura de Goulet (2006), uma metáfora para os limites e impasses presentes na pena dos escritores. Nesse âmbito, a *mise en abyme* implica o

---

[71] Trecho original: *"l'auteur en abyme, c'est peut-être un peu l'histoire d'Icare, l'effet des retombées des rêves de l'auteur mage, prophète et démiurge, du roi qui se retrouve nu"* (Goulet, 2006, p. 39).

desvelamento do processo de criação artística da obra literária no que se refere à autoanálise e à autorreflexão do personagem autor. Essa é umas das preocupações mais evidentes da modernidade literária.

Desse modo, ao revisitar a argumentação de Jean Ricardou (1972) no Colloque de Cerisy-la-Salle, Goulet (2006) contrasta dois procedimentos, sendo o primeiro chamado de "*paléotexte*",[72] caracterizando a submissão do texto ao estatuto da *mímesis* e da representação, e o segundo de "*néotexte*",[73] marcado pela autorreflexão da escritura, presente sobremaneira nas estratégias narrativas do "autor *en abyme*".

A fim de ilustrar a formulação, o estudioso recorre à narrativa de *Monsieur Teste* (1925), de Paul Valéry, discutindo como o protagonista, espécie de projeção do autor, ao lado de conflitos internos, possibilita o jogo vertiginoso da *mise en abyme*. O excerto a seguir permite adentrar o pensamento de Monsieur Teste e, por meio de suas reflexões, o método de trabalho a que pretendia Valéry:

> [M. Teste] [M. Teste] tinha sobre todos uma vantagem que ele se havia dado: a de possuir uma ideia cômoda dele mesmo; e, em cada um desses pensamentos, entrava um outro Monsieur Teste, um personagem bem conhecido, simplificado, unido ao verdadeiro por todos os seus pontos... Ele havia, em suma, substituído a vaga suspeita do Eu que altera todos os nossos próprios cálculos [...] por um ser imaginário definido, um Si-Mesmo bem determinado ou educado, seguro como um instrumento, sensível como um animal. (Valéry, 1960, p. 59 *apud* Goulet, 2006, p. 45, tradução nossa).[74]

Para Goulet (2006), o *alter ego* não se configura como cópia idêntica ou o modelo reduzido de seu autor, mas como a projeção de um ponto de vista peculiar, do despojamento da escrita, explorando a ficção fora da obra literária. Trata-se, portanto, de um modo de projeção particular do ego do autor no outro da ficção. O exame de tais modulações refina e aprofunda a questão autoral, de modo a apresentar a transposição ou a figuração em modelo reduzido do sujeito da obra exposto ao interior da ficção: "O autor

---

[72] Do francês, "paleotexto".
[73] Do francês, "neotexto".
[74] Trecho original: "[M. Teste] *avait sur tout le monde un avantage qu'il s'était donné: celui de posséder une idée commode de lui-même; et, dans chacune de ses pensées entrait un autre Monsieur Teste, un personnage bien connu, simplifié, uni au véritable par tous ses points... Il avait en somme substitué au vague soupçon du Moi qui altère tous nos propres calculs [...] un être imaginaire defini, un Soi-Même bien déterminé, ou éduqué, sur comme un instrument, sensible comme un animal*" (Valéry, 1960, p. 59 *apud* Goulet, 2006, p. 45).

en abyme focaliza certas questões e certos traços de uma maneira necessariamente estilizada, aumentada, colocada à distância" (Goulet, 2006, p. 45, tradução nossa).[75]

Nesse sentido, *"l'auteur en abyme"* possibilita a crítica dos personagens e procedimentos de construção, uma vez que permite o exame das estruturas fundamentais da ficção narrativa estabelecidas no jogo entre o eu e o outro: "O autor *en abyme* é, então, um instrumento de tomada de consciência dos processos e das circunstâncias que trabalham na escrita, durante a redação, e assim, uma tentativa de controlá-los do interior" (Goulet, 2006, p. 45, tradução nossa).[76]

As experiências vividas por meio de um outro podem eximir o escritor de comprometer-se demais na vida real e ainda permitem o estabelecimento de uma distância crítica. Nesse sentido, a *mise en abyme* constitui-se à forma de uma moeda falsa, que permite a obtenção e a revelação de um resultado sem, contudo, implicar uma ação real.

Goulet (2006) destaca o princípio de retroação em *Les faux-monnayeurs* (1925), de André Gide, atentando para Édouard e a confecção de seu romance. Enquanto narrador, Édouard assume-se como agente da própria obra, encarnando a figura do autor *en abyme*, já que apresenta posicionamentos frente à construção do livro que está escrevendo: "Encarnação viva da tensão entre a ordem da vida e da literatura, ele só pode ser o falsificador do real" (Goulet, 2006, p. 55, tradução nossa).[77]

O enredo de *Les faux-monnayeurs* deve ser descoberto à medida que é escrito – é o que nos fala Gide; representar a realidade ao mesmo tempo que se afasta dela, valendo-se de invenção pura, de modo a estabelecer o campo de ação do livro, retirar da obra o que não pertence à obra. Essas são algumas das argumentações de Gide em seu *Journal*, texto que tentará preencher as lacunas de seu romance.

A narrativa de Édouard seria, então, o que é a de André Gide, o romance do romance e, ainda, o romance do romancista no momento da gestação de seu livro. Desse modo, quando enuncia: "[...] o espelho que carrego comigo. Nada do que me acontece adquire existência real para mim

---

[75] Trecho original: *"L'auteur en abyme focalise certaines questions et certains traits, d'une façon nécessairement stylisée, grossie, mise à distance"* (Goulet, 2006, p. 45).

[76] Trecho original: *"L'auteur en abyme est donc un instrument de prise de conscience des processus et des circonstances à l'oeuvre dans l'écriture, au cours de la rédaction, et donc une tentative de les contrôler de l'intérieur"* (Goulet, 2006, p. 45).

[77] Trecho original: *"Incarnation vivante de la tension entre l'ordre de la vie et de la littérature, il ne peut être que faux-monnayeur du réel"* (Goulet, 2006, p. 55).

enquanto eu não o vejo refletido ali" (Gide, 1926, p. 155, tradução nossa),[78] essa afirmação tem um sentido bastante diferente da famosa frase de Stendhal[79], já que o espelho apenas oferece ao escritor a matéria-prima para sua criação. Nesse jogo, cabe ao próprio escritor o encargo de emoldurar essa matéria e torná-la literatura.

Entretanto Édouard não conseguirá escrever o seu romance, estando muito mais preocupado com as "teorias" em torno da própria gestação da obra. Acresce que esse impasse fazia parte do *script* do personagem, como declarou o próprio Gide em *Journal des Faux-Monnayeurs*: "Devo respeitar cuidadosamente em Édouard tudo que o impede de escrever o seu livro. Ele entende muitas coisas; mas continua sem cessar; através de todos, através de tudo. A verdadeira devoção é quase impossível para ele. Ele é um amador, um fracassado" (Gide, 2001, p. 67, tradução nossa).[80]

O gesto de Gide aponta para Édouard como um ser em mutação, bastante influenciável pelas circunstâncias e definido pela relação com as suas companhias. Desde o início, o personagem apresenta-se como um homem irresponsável por não poder dominar a si mesmo, revelando ao leitor toda a sua instabilidade. De fato, o que a narrativa gideana mostrará de variadas maneiras é justamente a impossibilidade de quaisquer certezas, a partir do romance como uma construção forjada em princípios próprios, sem compromissos com a realidade, ainda que se sirva dela. De forma aguda, esse processo de produção é tomado como tão ou mais importante do que a obra em si.

Afeito aos jogos de espelhos, o "autor *en abyme*" está constantemente apoiado nos bastidores de sua obra, tentando captar o encadeamento de seus processos e as metamorfoses que se operam. Basta pensarmos em André Gide, em *Journal des Faux-Monnayeurs*, à espera de escrever, estimulado pela contemplação de sua própria imagem no espelho. A cena é registrada na entrada de 18 de outubro de 1907:

---

[78] Trecho original: *"[...] le miroir qu'avec moi je promène. Rien de ce qui m'advient ne prend pour moi d'existence réelle, tant que je ne l'y vois pas reflété [...]"*(Gide, 1926, p. 155).

[79] "Pois bem, senhor, um romance é um espelho que se carrega ao longo da estrada. Tanto pode refletir para os seus olhos o azul do céu como a imundície do lamaçal da estrada" (Stendhal, 2000, p. 479, tradução nossa). Trecho original: *"Hé, monsieur, un roman est un miroir qui se promène sur une grande route. Tantôt il reflète à vos yeux l'azur des cieux, tantôt la fange des bourbiers de la route"* (Stendhal, 2000, p. 479). Cf. STENDHAL. *Le rouge et le noir*. Paris: Éditions Gallimard, 2000.

[80] Trecho original: *"Je dois respecter soigneusement en Édouard tout ce qui fait qu'il ne peut pas écrire son livre. Il comprend bien de choses; mais se poursuit lui-même sans cesse; à travers tous, à travers tout. Le véritable dévouement lui est à peu près impossible. C'est un amateur, un raté"* (Gide, 2001, p. 67).

> Estou escrevendo neste pequeno móvel de Anna Shackleton que, na rua Commaille, ficava no meu quarto. Foi aqui que trabalhei; adorei, porque no espelho duplo da secretária, acima da prancheta onde escrevia, me vi escrevendo; entre cada frase eu olhei para mim mesmo; minha imagem falou comigo, me ouviu, me fez companhia, me manteve em estado de fervor. (Gide, 1951, p. 252 *apud* Goulet, 2006, p. 46, tradução nossa).[81]

Extremamente narcísica, a cena, presente na juventude de André Gide, mostra o quanto o autor precisava de seu duplo para poder organizar a sua ficção e expressar-se. Por isso, ao atenuar a distância entre o escritor e o leitor, expondo a este último realidades por vezes prosaicas, a *mise en abyme* abala a representação romântica do escritor "gênio", de maneira a lidar com as múltiplas idiossincrasias que fazem do "criador" um ser muito comum.

Portanto, acreditamos que o "autor *en abyme*" responde a um princípio autoscópico,[82] centrado na gênese do texto, nas condições e circunstâncias da escrita, como se o próprio autor olhasse a si mesmo e o mundo a sua volta de um ponto distante e elevado. De fato, a obra literária aí aparece como uma paródia satírica do escritor e de seu mundo, como uma autocrítica alegre e desesperada ao mesmo tempo.

Voltando à trilogia, percebemos movimento análogo, uma vez que o discurso do escritor Eduardo põe em causa a materialidade da escrita enquanto representação. A figura de Eduardo propicia à obra rebeliana a crítica do autor onisciente, revelando algo como um exercício de interrogação ao, às vezes, abarcar uma espécie de escárnio ou autoflagelação, à medida que permeia pela escrita os limites de seu próprio poder demiúrgico:

---

[81] Trecho original: "*J'écris sur ce petit meuble d'Anna Shackleton qui, rue de Commaille, se trouvait dans ma chambre. C'était là que je travaillais; je l'aimais, parce que dans la double glace du secrétaire, au-dessus de la tablette où j'écrivais, je me voyais écrire; entre chaque frase je me regardais; mon image me parlait, m'écoutait, me tenait compagnie, me maintenait en état de ferveur*" (Gide, 1951, p. 252 *apud* Goulet, 2006, p. 46).

[82] A autoscopia é definida como uma experiência em que uma pessoa, acreditando estar acordada, vê seu corpo e o mundo a sua volta como se estivesse fora de seu corpo físico. Trata-se de um fenômeno que vem sendo estudado pela neurociência, observado em diversas áreas, tais como folclore, mitologia, teosofia, narrativas espirituais de sociedades modernas e antigas. No campo da psiquiatria, "os mecanismos relacionados com os fenômenos autoscópicos ainda não são completamente entendidos, sendo a hipótese mais convincente a falha na integração de sinais multissensoriais na junção temporoparietal, resultando em dissociação da unidade espacial entre o corpo e o eu" (Nogueira; Cortez, 2016, p. 20). Longe de ser apenas uma experiência intrapsíquica alucinatória, o fenômeno autoscópico é comum em sonhos e em outras condições fisiológicas. Há respostas terapêuticas relacionadas ao uso da autoscopia na hipnoterapia para tratamento de doenças ou sintomas corporais. Por meio da hipnose é possível estabelecer um estado dissociativo, que facilita a evocação da memória e a modulação emocional do seu conteúdo. Cf. NOGUEIRA, João Jorge Cabral; CORTEZ, Célia Martins. Autoscopia (hipnose) em psiquiatria. *Debates em Psiquiatria*. Rio de Janeiro, v. 6, n. 3, p. 16-21, maio/jun. 2016.

"A literatura aqui não é um fim, é um meio. É preciso, sobretudo, exercitar a coragem de ter pensamentos baratos" (Rebelo, 2009, p. 68).

Salta à vista o modo de conceber o trabalho de escrita como o desenvolvimento de um germe em si, ou de um embrião. Pode-se dizer que em *O espelho partido* surge, de forma contundente, o problema do acesso do escritor à sua verdadeira maturidade, que envolve a conquista e o domínio da realidade, ou seja, de sua concepção do mundo, da sociedade e do homem.

É sabido que a década de 1940 estabelece para Marques Rebelo uma "solução de continuidade", como observa Mário Frungillo (2011). Após a publicação de *A estrela sobe*, em 1939, o autor publicou os contos de *Stela me abriu a porta*, em 1942. Depois desse volume, à exceção de algumas obras infanto-juvenis e de crônicas, houve um intervalo de dezessete anos até o lançamento, em 1959, de *O trapicheiro*, primeiro tomo de *O espelho partido*, implicando verdadeiro processo de maturação em sua escrita:

> O romance *A estrela sobe* pode ser visto como uma espécie de ensaio para o que seria o salto necessário para a feitura de O *espelho partido*. O hiato entre a época de composição de um e de outro dá uma ideia das dificuldades que o autor deve ter enfrentado na composição do romance cíclico. Para realizá-lo, Rebelo não poderia mais se utilizar da forma de romance que praticara até então. (Frungillo, 2001, p. 10).

Certamente, a escolha e o viés dos cenários são significativos, implicando transformações em relação à cidade do Rio de Janeiro retratada nas obras. Se, anteriormente à trilogia, ela era tomada a partir de cenários nostálgicos e antigos, esses agora seriam capturados em termos mais abrangentes, levando em conta as crises do mundo moderno. Completando essas mudanças, *O espelho partido* apresenta-se como um "romance de intelectuais" (Frungillo, 2011, p. 11), sob a capa de diário de um escritor carioca, com os olhos atentos em relação aos acontecimentos políticos de sua época, ainda que perdido quanto a sua própria história e às aventuras amorosas com as diferentes mulheres de sua vida. Sobressai-se, ao longo da trilogia, na pena de Eduardo, autor *en abyme*, uma espécie de teorização, ainda que no sentido poético e ameno, de toda a obra precedente de Marques Rebelo.

Assim, voltado para si mesmo, o diário revalida o aspecto narcísico do discurso literário ao mesmo tempo que, em virtude de sua abordagem contextual, aborda os impasses sociais e políticos das décadas de 30 e 40. Esse jogo de espelhos acaba por abarcar tanto a experiência escritural quanto existencial de Eduardo, sempre às voltas com as lembranças das mulheres:

O bloqueio inglês, o que é alentador, deve estar dando os seus resultados; se assim não fora, não se berraria no Reich com murraças concomitantes: Lutar e viver! , eis o nosso lema. Lutar e viver! E a minha pena se torna pesada e estéril, incapaz de iniciar uma coisa nova, parando exangue às primeiras desconjuntadas linhas de cada tentativa, como se tudo que eu pudesse dizer já tivesse escrito. [...] E acudiu-me que não deveria me queixar, nem me sentir gasto e infeliz. Que já fizera alguma coisa. Que não passaria em branco, como a nuvem do poeta medíocre. Que fadas protetoras haviam-me tomado aos seus cuidados e enchido a minha vida do ouro da poesia. Que eram Aldina, Catarina, Luísa senão poesia? Se elas não existissem, não existiria poesia no mundo. (Rebelo, 2012, p. 256-257).

Esse personagem escritor, à medida que tece questionamentos sobre os mais variados aspectos estéticos e ideológicos voltados para um livro em processo de composição, essencialmente o mesmo que o leitor tem em mãos, insere os meandros e as engrenagens do próprio fazer ficcional.

Desse modo, nosso percurso analítico propõe, neste capítulo, o exame de alguns momentos da trilogia, destacando o esmiuçar-se da consciência do escritor Eduardo, autor *en abyme*, artífice inquieto quanto à estrutura e aos efeitos de sua obra. No percurso de investigação, escolhemos dois momentos que ilustram tais questões, a saber: a retomada das obras do autor *en abyme* e, por extensão, de Marques Rebelo, e a presença dos escritores Manuel Antônio de Almeida (1831-1861), Mário de Andrade (1893-1945) e Arnaldo Tabaiá (1901-1937). A questão autoral, relacionada à *mise en abyme*, é levada ao seu extremo com esses dois momentos, que analisamos em seguida.

2.1 ESPELHOS RETROVISORES

Ao longo da trilogia, o escritor Eduardo retoma obsessivamente algumas obras de sua carreira literária, as quais, sem grandes dificuldades, permitem ao leitor a identificação à clef dos próprios livros de Marques Rebelo.

Com isso, em uma espiral, Marques Rebelo parodia a pretensa objetividade do diário de Eduardo, perscrutando a moldura narrativa, alinhando-a especularmente no assunto de seus romances anteriores, que são aglutinados para dentro da ficção, dando conta da gênese do livro. Conforme já discutido, aparecem como títulos de Eduardo: *Dulcelina*, facilmente identificado com *Oscarina*; *A porta*, com *Stela me abriu a porta*; *Rua das mulheres*, título que se encontra logo nas primeiras linhas de *Marafa*; além de *A estrela*, que abrevia *A estrela sobe*.

Comecemos por *A estrela*. Na entrada de 12 de agosto de 1936, Eduardo afirma que iniciara um novo romance, escrevendo quatro páginas, sem qualquer "ímpeto", mas com "segurança e controle" (Rebelo, 2002, p. 113). Trata-se de *A estrela*, obra que será mencionada ao longo dos dois primeiros volumes da trilogia. Já em 27 de setembro do mesmo ano, expõe:

> *A estrela*. Os personagens é que me levam – chegamos a isto. E vou por um caminho seguro, serpenteante, beirando abismos. Tenho que ir devagar, às apalpadelas, para não me despencar e arrastá-los na queda. Um que outro lugar-comum pode servir de amparo, de cerca protetora. Nem é possível excluir os truísmos dos romances. (Rebelo, 2002, p. 127).

Posteriormente, no registro de 1 de março de 1937, Eduardo apresenta as dificuldades para continuar a escrever o romance: "Empaquei numa ponta de *A estrela*. Calma, pena minha!" (Rebelo, 2002, p. 201). Ao relatar os obstáculos para o amigo Garcia, afirma a necessidade da "paciência" no processo de escrita: "Há tarefas para as quais não basta ter firmeza, disciplina, força de vontade. Apenas paciência" (Rebelo, 2002, p. 206). Assim, não aceita mostrar a Garcia o que já escrevera: "[...] quadro a gente deve mostrar acabado e com moldura" (Rebelo, 2002, p. 205).

Dos trechos reproduzidos, entende-se que o ato de escrever revela-se instável e dificultoso, semelhante aos movimentos das relações amorosas de Eduardo. Embora "segura", a escrita é caracterizada como "serpenteante" e abismal, passível de esforços e de paciência. Ou seja, o que se coloca no texto é a tensão estabelecida nos bastidores entre a tarefa de escrever e a paciência, que impõe certa postura, muito mais do que "disciplina". Um dos eixos que sustentam a argumentação de Eduardo é a inconciliação entre o processo de construir a obra e o produto já acabado, tornado visível socialmente, daí a recusa do escritor em mostrar o livro ao amigo antes de publicá-lo.

Progressivamente, a tensão é reforçada conforme as tentativas de escrita vão se concretizando, até o momento do término do livro, percebido como falha, misto de atração e desconforto pelo autor *en abyme*:

> *A estrela* está composta, talvez não chegue a trezentas páginas, e em cada personagem há um pouco dos meus passos, um travo das minhas aflições e contradições, a lembrança de perfumes e fedentinas que me afetaram. Está composta, sopra

> nela um ar de piedade, mas falta-lhe uma última demão. É mister relê-la, sofrer em cima de cada linha, mondar, enxertar, enxugar os transbordamentos, polir, repolir, tarefa severa e atenta que tanto pode durar um mês quanto um ano. Vou procurar ser rápido. Cada livro que faço vai me dando mais trabalho. (Rebelo, 2002, p. 471-472).

Absorto numa escrita obsessiva, a busca de Eduardo por intensidade e perfeição dá-se de maneira peculiar: falta ao livro aperfeiçoamento, "uma última demão", além do trabalho semelhante ao do *bricoleur*, "mondar, enxertar, enxugar os transbordamentos, polir, repolir". Assim, já no final do primeiro tomo, ficamos sabendo que deixara *A estrela* com o editor: "como se deixasse um pedaço de mim, pedaço doloroso, arrancado a duras penas, pingando sangue, mais lágrimas do que sangue, pranto de indecisões e de impotências" (Rebelo, 2002, p. 499).

No segundo tomo, Eduardo contrasta dois posicionamentos a respeito do livro, aludindo à instabilidade da crítica. No primeiro, não compreende o que queria dizer um articulista sobre "o pouco brilho de *A estrela*": "Os suplementos literários, embora necessários, deturpam, confundem, irritam" (Rebelo, 2012, p. 86). O segundo vem do crítico e amigo Saulo Pontes, que reconhecera "qualidades invulgares", sem, no entanto, deixar de apontar "um estado de fronteirismo" ao livro, o que é prontamente criticado por Eduardo: "[...] chuva de invenções em 'ismo', o vocabulário crítico-literário insuficiente para definir os casos e, na maioria dos casos, os vocabulários criados ficam girando numa estreita órbita de iniciados" (Rebelo, 2012, p. 156).

Rua das mulheres é o romance mencionado rapidamente no primeiro e terceiro tomos. No primeiro, Eduardo comenta que fora escrito para um concurso, contudo sem informar se tivera resultado satisfatório.[83] Ademais, incomoda-se ao saber que o jovem crítico Gustavo Orlando tentara identificá-lo com um dos personagens, rebatendo: "O que inferioriza *Rua das mulheres* não é apenas isso. Nunca poderá ser admissível um livro escrito, às carreiras, para um concurso literário. Tenho que reescrevê-lo para atenuar esta nódoa, se houver o ensejo de uma segunda edição" (Rebelo, 2022, p. 127).

No terceiro tomo, Eduardo expõe uma conversa desconfortável com Rodrigues, crítico e amigo que afirma ter gostado da leitura de *Rua das mulheres*, mas desaprovara *A estrela*. Cabe atentar para o comentário do

---

[83] Diferentemente do que ocorre na vida real de Marques Rebelo: o romance *Marafa*, publicado em 1935, foi laureado com o prêmio Machado de Assis, ainda que não tenha alcançado grande êxito de vendas (Trigo, 1996).

autor *en abyme*, aludindo às possíveis diversidades presentes na literatura e nos leitores:

> – [...] Você como todo mundo lê, critica como todo mundo critica, gosta ou não gosta como todo mundo. A literatura não é feita exclusivamente para entendidos, para especialistas. O campo de leitores pode ser o mais vasto. E você não é obrigado a gostar do que eu escrevo. A amizade não inclui tal obrigação. Se toquei na história foi porque me interessaria saber por que você não gostou, nada mais. Agora sei. Achou confuso, contraditório... São pontos de vista. (Rebelo, 2009, p. 95).

Com *Dulcelina*, Eduardo manifesta nos dois primeiros tomos as opiniões que diferem das suas, desferindo críticas ferrenhas ao estilo dos autores do chamado "romance social", como é possível observar na entrada de 5 de abril de 1937, quando o amigo Pedro Morais elogia o livro de estreia da escritora Débora Feijó, possivelmente identificada com Rachel de Queirós:

> [...] o que era redação colegial, tachou de prosa viva e sem embages, o que era proselitismo de adolescente, batizou de penetrante sentido social. Mário de Andrade não lhe ficou atrás: Débora Feijó era a mais gostosa mensagem que o Norte nos mandava neste ano de tão gratas revelações.
>
> – Estou ficando maluco, morena – comentei.
>
> E Catarina:
>
> – Você está ficando é burrinho, meu querido. Então não compreende que uma obra de arte pode valer, só pela frescura, pela inexperiência? O que é *Dulcelina*, para não irmos muito longe? (Rebelo, 2002, p. 226-227).

A passagem, como muitas outras ao longo da trilogia, evidencia a implicância de Eduardo pelo romance social, como resposta à voga dos escritores nordestinos da época, adeptos dessa tendência. Porém "muitas dessas críticas são evidentemente injustas, e decorrem antes de seu espírito de contradição e de sua maledicência que de uma análise ponderada das obras" (Frungillo, 2001, p. 151).

A porta, por sua vez, será a obra mencionada apenas no terceiro tomo, ensejando uma crítica ao editor Vasco Araújo, identificado como José Olympio. Na trama, Eduardo recusa o convite de Vasco Araújo para lançar um livro pela sua editora:

> *A porta!* Outro livro publicado sem a chancela de Vasco Araújo, o que significa não ter o jaquetão cortado pelo alfaiate que dita o sucesso editorial, e sem o tempero social que a crítica exige, mais páginas, portanto, para gerar silêncio. E nunca mais escrever contos para evitar o maquinal, que é o despenhadeiro dos escritores. (Rebelo, 2009, p. 80).

Ademais, o livro é criticado por Gustavo Orlando, que vê "certas indiscrições de fácil lirismo" (Rebelo, 2009, p. 83), contrastadas com a alegria e com o entusiasmo do amigo Francisco Amaro.

Todas as passagens aqui reproduzidas deixam à mostra o processo de composição em conjunto da obra rebeliana e elucidam o problema da autorreflexividade. Ao ficcionalizar a relação entre autor e editor, Marques Rebelo insere em primeiro plano os moldes de composição, destacando as forças presentes no campo literário ainda no momento de gestação criativa.

Desse modo, ao longo da trilogia, o autor *en abyme* organiza seu relato em pequenos blocos, quase autônomos, repletos de casos cotidianos, o que aprofunda o debate da obra em torno do meio literário da época. Nesse sentido, a *mise en abyme* revela-se como uma modalidade reflexiva do processo criador no romance voltado a si mesmo.

Por intermédio de Eduardo, Marques Rebelo critica uma série de fatores presentes na cena literária da época: os concursos literários, as formulações críticas por vezes equivocadas, a vaidade dos autores, entre outros. Nesse contínuo insustentável, Eduardo vê-se numa zona de estancamento e de exaustão: "A literatura é um baile com casaca obrigatória. Um cavalheiro de terno branco pode forçar a porta e entrar. E pode dançar, se divertir muito, e ser até citado pelos cronistas elegantes, todavia estará sempre sujeito a ser posto para fora do salão" (Rebelo, 2002, p. 267-268).

Segue-se, então, um plano de trabalho, inicialmente com o argumento, o resumo de personagens e episódios, para depois estender-se na redação, retornando e reestruturando, por meio de supressões e acréscimos. Todos esses movimentos ocorrem em lenta gestação, uma vez que o livro ainda estava no processo de emendas, sem nunca atingir a satisfação plena e a obra terminada: "Retomo o fio do romance, que pode ser válvula como pode ser mais aflição. Às vezes um intervalo é necessário. Desata nós, revivifica a disposição. E o sofrimento é bom adubo" (Rebelo, 2002, p. 271).

O tatear do discurso crítico sem poder apreendê-lo, ou seja, estar sempre numa espécie de limiar, de espaço intermediário, sem saber que direção tomar ou até onde se aproximar, eis a situação vivida pelo autor *en abyme*. Colocado no abismo da escritura, esse autor é cercado de materiais heterogêneos, que iluminam as intenções e os processos em curso. Porém, conforme lembra Alain Goulet (2006), trata-se de:

> [...] um dispositivo insuficiente, entregando um ponto de vista demasiado comprometido, parcial, enredado no seu universo e seus problemas e, portanto, que deve necessariamente ser contrabalançado e equilibrado pelo olhar do leitor, que pode revelar o autor a si mesmo, e ajudá-lo a se sobrepor. (Goulet, 2006, p. 51, tradução nossa).[84]

Portanto o leitor é parte integrante da reflexão especular. Porém seu papel é paradoxal, uma vez que ao mesmo tempo que é lembrado ser a obra metaficcional e artifício, não hesita em vivenciá-la.

Por meio dos impasses de Eduardo, Marques Rebelo parece vislumbrar um modo especial de pensamento, que implica que a literatura é sempre pensamento em ação. A noção de *work in progress* encontra aqui um caminho fértil em sua prática narrativa apresentada sob a forma de reflexão enunciativa.

2.2 ESCRITORES NO ESPELHO

Durante a narrativa de *O espelho partido*, o escritor Eduardo realiza pesquisas em torno da vida e obra de Manuel Antônio de Almeida (1831-1861). Conforme ele relata, o estudo resulta numa biografia e é publicado em 1938 com o título de *Vida e obra de Manuel Antônio de Almeida*.

Esse fato espelha situações reais do autor empírico, Marques Rebelo, que publicou, em 1943, a biografia do escritor de *Memórias de um sargento de milícias*, tarefa que lhe consumiu oito anos de pesquisas e estudos, assim como o ensaio *Bibliografia de Manuel Antônio de Almeida*, em 1951.

Na trilogia, durante a pesquisa, Eduardo encontra obstáculos quanto aos arquivos, recorrendo ao *Pequeno panorama*, de Moreira de Azevedo na Biblioteca Nacional:

> Consulto o *Pequeno panorama* na Biblioteca Nacional e manchas de fungos arruínam as suas páginas. Quando pesquisei

---

[84] Trecho original: "[...] *un dispositif insuffisant, livrant un point de vue trop engagé, partial, empêtré dans son univers et ses problèmes, et donc qui doit être nécessairement contrebalancé et équilibré par le regard du lecteur, qui peut révéler l'auteur à lui-même, et l'aider à 'passer outre'*" (Goulet, 2006, p. 51).

> as coleções de jornais, tristeza ainda mais funda me invadiu. Tristeza e desesperança. Quanto tempo poderia resistir aquilo tudo, se coisas de cinquenta anos parecem ter mil? Não é apenas a incúria dos homens, a estreiteza da administração pública não dilatando as verbas para a preservação daquele tesouro de papel, repositório da nossa vida. O clima conta mais que tudo, num excesso de calor e umidade, que cola as páginas, dilacera as costuras, estufa a cartonagem, favorece a multiplicação dos bichos resistentes aos precários inseticidas, que ainda por sua ação química, altamente corrosiva, inutiliza o papel, ora tornando-o ilegível de tão escuro, ora tornando-o quebradiço a ponto de se desmanchar em farinha. (Rebelo, 2002, p. 356-357).

A passagem circunscreve os dilemas do autor *en abyme*, na medida em que expõe as dificuldades do trabalho, sobretudo quanto ao desleixo do órgão público em relação à preservação histórica, além de salientar as condições impropícias do clima. Conforme Alain Goulet:

> O fenômeno do autor *en abyme* se deve tanto à necessidade, para o autor, de iluminar o enigma de si para si, de compreender o seu mundo e o seu lugar no mundo, e também o seu desejo de explorar a sua possibilidade de ação e intervenção no mundo. (Goulet, 2006, p. 56, tradução nossa).[85]

Nesse sentido, para Eduardo, escrever a biografia de Manuel Antônio de Almeida implicava a revalorização da trajetória de vida "apagada e curta" do escritor, "com a ternura de quem paga uma dívida" (Rebelo, 2002, p. 360).

Tal posicionamento corrobora uma opinião bastante frequente na obra rebeliana, de que essa seria a continuadora da tradição que vem de Manuel Antônio de Almeida, Lima Barreto e Machado de Assis. De acordo, o próprio Marques Rebelo confirmara em entrevista, justificando-se como continuador de uma espécie de "linha carioca": "É muito simples, são os autores que colocaram a sua obra em função da cidade do Rio de Janeiro, núcleo da vida brasileira. Não é uma superioridade regional, mas é mera contingência histórica" (Rebelo, 1969, p. 61 *apud* Frungillo, 2001, p. 18).

No plano ficcional, Eduardo termina a pesquisa destacando as contribuições que preencheriam lacunas e erros, além de problematizar a questão das dificuldades editoriais em torno do gênero biografia: "Agora,

---

[85] Trecho original: "*Le phénomène de l'auteur en abyme tient à la fois à la nécessité, pour l'auteur, d'éclairer l'énigme de soi-même pour soi, de comprendre son monde et sa place dans son monde, et aussi à son désir d'explorer sa possibilité d'action et d'intervention dans le monde*" (Goulet, 2006, p. 56).

o difícil é conseguir editor. O meu não quer – biografia não se vende – e isso me parece mais uma das suas imbecilidades" (Rebelo, 2002, p. 407). No entanto, consegue vencer esse obstáculo, pois na entrada de 17 de julho de 1939, já no segundo tomo, ele comunica-nos a publicação da obra: "Peguei um exemplar com emoção de filho que se orgulha do pai. Não sou um órfão literário" (Rebelo, 2012, p. 125).

Na escrita de *O espelho partido*, Manuel Antônio de Almeida e o gênero biografia parecem confirmar a natureza elástica da *mise en abyme*, que questiona, na presença do autor *en abyme*, os diferentes textos e gêneros literários, estabelecendo o caráter autorreflexivo e uma preocupação particular em relação aos mecanismos da linguagem.

Outro aspecto que convém destacar diz respeito à tenuidade das fronteiras entre os gêneros literários e não literários. A esse respeito, devemos lembrar-nos das listas que discriminam objetivamente as despesas mensais da família de Eduardo. A título de exemplo, segue parte da entrada de 5 de setembro de 1938, de *O trapicheiro*:

Casa .... 230$000

Empregada .... 80$000

Luz .... 23$000

Gás .... 35$000

Telefone .... 40$000

Armazém .... 140$000

Açougue .... 60$000

(Rebelo, 2002, p. 459).

De modo fragmentário, a lista funciona como uma pausa na narrativa de Eduardo, contribuindo para o tom de ironia e objetividade presente em suas memórias. Como peça anexa, a lista participa da interferência textual, que implode e fragmenta o discurso do autor *en abyme*. Materializando a aspiração à totalidade da linguagem, esse fragmento encarna a natureza dos textos heteróclitos – como glosas, anotações, listas –, os quais, em sua contiguidade, criam redes que evocam outras formas de se narrar uma história.

Nesse contexto, a lista com os gastos é tecida entre o corpo do texto e seu autor, fraturando as instâncias enunciativas. Assim, ao trabalho da memória conjuga-se o trabalho da escritura, que espelha o elemento trivial, porém necessário, à articulação do enredo e à linguagem. Essas proposições são abordadas por Eduardo em uma de suas conversas com o espelho: "Um escritor, antes de mais nada, deve ser preciso, mesmo quando não escreve. Ninguém é tranquilo. Não há tranquilidade. É bom não inventar histórias. Somos fracos demais para os nossos sonhos" (Rebelo, 2012, p. 362).

Voltando aos escritores, Mário de Andrade será mais um dos mencionados na trilogia, especificamente no terceiro tomo e no início do quarto, *A paz não é branca*, cujos registros abrangem somente as datas de 3 a 30 de janeiro de 1945.

O encontro ocorre em São Paulo, na Rua Lopes Chaves, famoso endereço de Mário de Andrade, descrita por Eduardo como "profana basílica", onde chegava a "caudalosa correspondência de todo o Brasil" (Rebelo, 2009, p. 129).

Na ocasião, o autor *en abyme* agradece o artigo em que Mário de Andrade saudou *Dulcelina*, sua obra de estreia, bem como a defesa feita de *A estrela*, em casa de um escritor mineiro, além das cartas que mostravam consideração, apontavam falhas e condenavam "os cochilos do sentimentalismo" presentes em seus livros (Rebelo, 2009, p. 131). Encantado e esperançoso, Eduardo deixa a casa de Mário "levando no peito um calor diferente":

> Compreendia que um homem pode ser mais importante que a sua obra. Compreendia a suprema abnegação de sacrificá-la em prol da chefia de um movimento de renovação e descobrimentos. Compreendia que depositara dentro de mim, propositadamente ou não, um novo fermento. Resta saber se tão transcendente levedura poderá, um dia, transformar-se em pão. (Rebelo, 2009, p. 131).

Para além do universo ficcional, é válido lembrar que Mário de Andrade, em 1931, quando da publicação de *Oscarina*, teceu comentários elogiosos a Marques Rebelo, destacando aspectos que seriam por muito tempo repetidos nas abordagens críticas subsequentes do autor, mesmo quando se tratava de suas obras posteriores. Mário de Andrade asseverou que Marques Rebelo descendia, conforme já afirmado, de uma tradição iniciada por Manuel Antônio de Almeida, incluindo Machado de Assis e Lima Barreto, que se especializou "na descrição nua e crua da pequena burguesia ou do... alto proletariado" (Andrade, 2002, p. 375).

Além do autor de *Macunaíma*, outro amigo de Marques Rebelo é também revisitado pela pena de Eduardo. Trata-se de Arnaldo Tabaiá, escritor morto em 1937, parceiro de livros infanto-juvenis. Em *O espelho partido*, é significativa a cena em que Eduardo escarnece do amigo, uma vez que ele deixou seu único livro, *Badu*, ser prefaciado por Afrânio Peixoto, "primor da lambisgoíce pseudoliterária", além de entregar o exemplar a Humberto de Campos, Coelho Neto e Medeiros e Albuquerque. Ao ser informado de que o prefaciador garantira a ele o prêmio no concurso da academia caso ele inscrevesse o livro, o autor *en abyme*, questiona: "– Você não tem vergonha não?" (Rebelo, 2002, p. 226).

O episódio levanta a questão da tradição, deixando entrever que os jovens escritores ainda levavam em conta, por mais jocoso que fosse, a opinião dos mestres do passado:

> [...] alguns autores, que de nossa perspectiva atual parecem ter morrido muito antes daquela época, continuavam em atividade, e por vezes opinando de maneira influente, para o bem e para o mal, sobre o momento literário. Também sob outro aspecto sua influência pode ser sentida: no fato de que o gosto de boa parte dos leitores, e mesmo de alguns escritores, não se deixara ainda convencer do esgotamento do veio parnasiano e bacharelesco que continuava a influenciar o conceito do que passava por bem escrever. (Frungillo, 2001, p. 135-136).

Mesmo assim, Eduardo não deixa de elogiar *Badu*, romance de Arnaldo Tabaiá publicado em 1932, reproduzindo trechos da crítica de Saulo Pontes: "uma pequena joia de novela [...] novela de langor tropical, em que os lugares-comuns não chocam nunca [...]" (Rebelo, 2002, p. 225). Certamente, os elogios recorrem a uma tentativa de reafirmar o valor da obra de Tabaiá, retirando-a do esquecimento, uma vez que na ocasião do lançamento de *O espelho partido*, pouca gente lembrava-se desse escritor.

Catóptrica, a narrativa de *O espelho partido* precipita-se num movimento concêntrico, ao convocar, por meio da pena de Eduardo, todos os escritores aqui mencionados, definindo-se como espaço plurívoco, em que se cruzam e compilam-se referências intertextuais. A *mise en abyme* nivela os estratos textuais à imagem contínua de um palimpsesto de autores.

Pelos movimentos especulares de inserção, a *mise en abyme* é capaz de articular o real à ficção, tornando-se um elemento intermediário importante na literatura de Marques Rebelo. Os autores aqui mencionados envolvem-se nessa atividade, demarcando uma duplicação interna da escrita dentro da escrita. A polifonia resultante de vozes narrativas é uma das constantes da prática ficcional especular, expressando livremente o desejo quase "fisiológico" e inato de escrever.

O texto assim produzido parte da imagem especular do próprio autor na figura do escritor Eduardo: "É o texto que produz uma imagem do escritor no ato de escrever, tanto para o leitor como para o próprio escritor" (Souza, 2004, p. 170). Nesse sentido, podemos dizer que o autor salta de dentro da cena textual, lugar onde aquele que o produz e edifica-o é produzido por ele ao mesmo tempo.

Ora, por um artifício de composição, a *mise en abyme* permite trazer à tona o que geralmente encontra-se oculto, incluindo o escritor no universo da obra literária. É como se o autor estivesse representado duas vezes, como personagem e como escritor, de modo a empreender um retorno autorreflexivo.

CONCLUSÃO

> *O que é um espelho? Não existe a palavra espelho – só espelhos, pois um único é uma infinidade de espelhos. Em algum lugar do mundo deve haver uma mina de espelhos? Não são precisos muitos para se ter a mina faiscante e sonambúlica: bastam dois, e um reflete o reflexo do que o outro refletiu, num tremor que se transmite em mensagem intensa e insistente ad infinitum, liquidez em que se pode mergulhar a mão fascinada e retirá-la escorrendo de reflexos, os reflexos dessa dura água.*
>
> *(Clarice Lispector)*

Neste livro, procuramos mostrar o procedimento narrativo da *mise en abyme* como uma das linhas de força da literatura de Marques Rebelo, e investigar as personagens femininas do autor a partir da trilogia *O espelho partido* e do resgate dessas personagens em obras anteriores.

Como verificado, as mulheres resgatadas pelo narrador Eduardo trazem imagens difusas e inesperadas de um jogo de espelhos, ao modo de *matrioskas*, ou bonecas russas, que se refletem mutuamente na produção do autor, destacando, desde a obra de estreia, um traçado que culminaria na escrita da trilogia, ponto nevrálgico de todo o processo especular.

A construção espelhada das figuras femininas apresenta não apenas um diálogo endogâmico, mas também uma continuidade crítica, sobretudo em relação a um estratagema frequente na obra rebeliana, qual seja, o procedimento narrativo da *mise en abyme*. Em nosso percurso, os jogos de espelhos, sinalizados primeiramente na interpretação das personagens femininas de *O espelho partido*, mantiveram-se presentes no estudo de textos anteriores, como *Oscarina, Stela me abriu a porta, Marafa* e *A estrela sobe*.

Assim, no primeiro capítulo, a fim de facilitar a empreitada analítica, dividimos as personagens femininas em dois grupos, "Liberais e desviantes" e "Rainhas do Lar". Além disso, voltamos a atenção para um terceiro grupo, composto por personagens infantis. Do primeiro ressaltamos as mulheres negras, como Aldina, Sabina e Felicidade, domésticas que fazem parte das lembranças de Eduardo e que se desdobraram em personagens de obras anteriores, como Oscarina e Rizoleta. Além dessas, Clotilde, Lenisa e as demais cantoras de rádio mencionadas no diário de Eduardo permitiram-nos observar, no movimento em retrovisor, o espelhamento com figuras femininas já abordadas em *A estrela sobe*. Do mesmo modo, aspirantes a cantoras e a radioatrizes, como Maria Berlini e Júlia Matos, favoreceram o movimento de retomada com a emblemática figura de Lenisa. A relação especular continuou com Catarina, Dagmar, Lobélia, Solange e Cinara, que se desdobraram em Zuleica e Stela.

Por sua vez, com as "Rainhas do Lar", destacamos primeiramente Luísa e Susana Mascarenhas, que se duplicaram nas figuras de Sussuca e Zita. No mesmo grupo, dona Carlota, mãe de Luísa, e Lena, mãe de Eduardo, possibilitaram o encontro com dona Nieta e dona Manuela, mulheres marcadas pelo confinamento da vida doméstica, sujeitas à dominação dos padrões patriarcais. Não menos importantes mostraram-se tia Mariquinhas, dona Marcionília Peçanha, Mimi e Florzinha, figuras que deram margem ao humor rebeliano sem deixar de espelhar os padrões sociais quanto à ausência do casamento e à profissão de professora.

Embora apresentem diferenças entre si, tais mulheres mantêm traços que as unificam. Nesse grande mosaico composto por Marques Rebelo, foi possível observar imagens fragmentadas do feminino, focalizando a mulher aos olhos da sociedade. Essa dinâmica favoreceu a análise não somente da influência do meio social sobre a obra rebeliana, mas, sobretudo, o reflexo da obra sobre o meio, conforme formulado pelo crítico Antonio Candido.

Quanto ao terceiro grupo, chamado de "Crianças duplicadas", as presenças de Cristianinha, Elisabete, Vera e Natalina permitiram a confirmação da força da especularidade nas memórias de Eduardo, no exercício do resgate histórico de pessoas e lugares que fizeram parte de sua vida. A *mise en abyme* propiciou o retorno obsessivo à infância e às personagens femininas infantis, mantendo a engrenagem de *O espelho partido*, uma vez que tais figuras anteciparam reflexões e fatos da vida adulta de Eduardo, no movimento retroprospectivo, conforme as formulações de Lucien Dallenbach (1977).

Tais movimentos de retomada favoreceram ainda a leitura fractal da trilogia rebeliana. Em semelhança com os objetos fractais, que se definem como estruturas sem centro, o universo romanesco de Marques Rebelo equivale a várias microestruturas embutidas e potencialmente infinitas, que têm relações similares com a macroestrutura. Nesse processo prismático, o autor opera a negação de um modelo unívoco de personagem feminina, na medida em que amplifica seus perfis problemáticos. Portanto a estrutura é a de um encaixe sucessivo, cujas tensões são semelhantes às bonecas russas ou *matrioskas*, com seus círculos concêntricos. As retomadas obsessivas permitem que uma personagem seja objeto de reflexão a outra personagem e, assim, sucessivamente.

Ao percorrermos a obra de Marques Rebelo, verificamos uma série de elementos que se associam à técnica da *mise en abyme*, ou que são por ela deflagrados. A forma que essa espécie de composição assumiu na narrativa rebeliana inclui necessariamente a representação narcísica do escritor dentro do texto, no próprio ato de escrevê-lo, o chamado autor *en abyme*, movimento abordado no segundo capítulo.

É sabido que a trama de *O espelho partido* desenha-se a partir do diário de Eduardo. Porém, como procuramos demonstrar, em contraste com a forma tradicional do diário, ao invés do tempo marcado pela linearidade, encontramos um tempo desintegrado e reconstruído. Nessa temporalidade difusa, deparamo-nos, então, com a superposição de passado e presente, em que o escritor Eduardo apresenta passo a passo a gestação de sua obra narrativa, mostrando, de acordo com as premissas do autor *en abyme* formuladas por Alain Goulet (2006), todos os anseios, as dúvidas e as limitações que ocupam o universo de suas memórias. Eduardo, personagem-escritor, em seu diário, revela sua produção literária em diálogo autoscópico com o autor empírico, Marques Rebelo.

Dessa forma, *O espelho partido* tem o papel de problematizar os impasses que povoam a aventura da escrita, integrando-os à narrativa, ou fazendo deles o objeto da própria literatura. Desde *Oscarina* à trilogia, encontramos elementos que testemunham a presença dos jogos de espelhos.

Por meio do percurso da leitura, demonstramos que a *mise en abyme* pode ser considerada um elemento essencial, sinalizando antagonismos e tensões da própria escrita, refletidos na prosa de Marques Rebelo. Assim, acreditamos que o estudo aprofundado desse tema possa contribuir para a fortuna crítica do autor, elencando a especularidade como uma presença relevante em sua obra.

REFERÊNCIAS

ANDRADE, Mário de. **O empalhador de passarinho**. 4. ed. Belo Horizonte: Itatiaia, 2002.

ANKER, Valentina; DALLENBACH, Lucien. La réflexion spéculaire dans la peinture et la littérature récentes. (tradução para fins acadêmicos de Maria do Carmo Nino). **Art International**, [s. l.], n. 19, v. 2, p. 28-32, fev. 1975.

AZEVEDO, Aluísio. **O cortiço**. Rio de Janeiro: BestBolso, 2016.

BARBOSA, Ruy Madsen. **Descobrindo a geometria fractal para a sala de aula**. Belo Horizonte: Autêntica, 2002. (Coleção Tendências em Educação Matemática).

BERNARDO, Gustavo. O gênero duplicado. **Gragoatá**, Niterói, p. 81-94, 2010.

BOMBART, Mathilde. Romans à clés: une pratique illégitime au filtre de la critique littéraire des journaux. *In:* GLINOER, Anthony; LACROIX, Michel (org.). **Romans à clés**. Liège: Presses Universitaires de Liège, 2014.

BONTEMS, Vicent. L'art au temps des fractales. **Revue de Synthèse**, Paris, n. 1, janv.-mars p. 117-145, 2001.

BOSI, Alfredo. **História concisa da literatura brasileira**. 43. ed. São Paulo: Cultrix, 2006.

BUENO, Luís. **Uma história do romance de 30**. São Paulo: Editora da Universidade de São Paulo; Campinas: Editora da Unicamp, 2006.

CALABRE, Lia. **A era do rádio**. 2. ed. Rio de Janeiro: Jorge Zahar Editora, 2004.

COMPAGNON, Antoine. **Os cinco paradoxos da modernidade**. 2. ed. Tradução de Cleonice B. Mourão *et al.* Belo Horizonte: Editora da Universidade Federal de Minas Gerais, 2010.

CANDIDO, Antonio. The brazilian family. *In*: SMITH, T. Lynn; MARCHANT, Alexander (ed.). **Brazil**: portrait of half a continent. Nova York: The Dryden Press, 1951. p. 291-312.

CANDIDO, Antonio. A passagem do dois ao três: contribuição para o estudo das mediações na análise literária. **Revista de História**, São Paulo, v. 50, n. 100, p. 787-800, 1974.

CANDIDO, Antonio. A personagem do romance. *In*: CANDIDO, Antonio *et al.* **A personagem de ficção**. 6. ed. São Paulo: Perspectiva, 1968. p. 51-80.

CANDIDO, Antonio. A revolução de 1930 e a cultura. *In*: **A educação pela noite e outros ensaios**. São Paulo: Ática, 1989.

CANDIDO, Antonio. O direito à Literatura. *In*: CANDIDO, A. **Vários escritos**. Rio de Janeiro: Ouro sobre Azul, 1999.

CANDIDO, Antonio. **Textos de intervenção**. São Paulo: Duas Cidades, 2002.

CANDIDO, Antonio. Literatura de dois gumes. *In*: CANDIDO, Antonio. **A educação pela noite**. 5. ed. Rio de Janeiro: Ouro sobre Azul, 2006a.

CANDIDO, Antonio. **Literatura e sociedade**. 7. ed. São Paulo: Companhia Editora Nacional, 1985.

CANDIDO, Antonio. **Tese e antítese**. 5. ed. Rio de Janeiro: Ouro sobre Azul, 2006b.

CANDIDO, Antonio. **Formação da literatura brasileira**: momentos decisivos. 12. ed. São Paulo: Fundação de Amparo à Pesquisa do Estado de São Paulo; Rio de Janeiro: Ouro sobre Azul, 2009.

CANDIDO, Antonio. Entrevista. **Trans/Form/Ação**, Marília, v. 34, p. 03-13, 2011.

CONDÉ, Susan *et al*. **Collectif fractalisations**. Catalogue réalisé par la ville de La Seyne-sur-Mer à l'occasion de l'exposition à la Villa Tamaris du 27 mars au 30 mai 1999.

CONDÉ, Susan. **Fractalis**: *la complexité fractale dans l'art*. Tradução de Frédérique Vilter et Charles Penwarden. Paris: La Différence, 1993.

DALLENBACH, Lucien. *Le livre et ses miroirs dans l'oeuvre romanesque de Michel Butor*. Paris: Archives des Lettres Modernes, 1972.

DALLENBACH, Lucien. *Le recit spéculaire*: essai sur la *mise en abyme*. Paris: Seuil, 1977.

DALLENBACH, Lucien. Intertexto e autotexto. **Intertextualidades – Revista de Teoria e Análises Literárias**. Tradução do original **Poétique** – Revue de Théorie et d'Analyse Littéraires por Clara Crabbé Rocha. Coimbra, Almedina, n. 27, p. 51-76, 1979.

DALLENBACH, Lucien. Claude Simon ou le travail du texte comme bricolage analogique. *In*: DALLENBACH, Lucien *et al*. **Penser, classer, écrire de Pascal à Perec**. Saint-Denis: Presse Universitaires de Vincennes, 1990.

DALLENBACH, Lucien. **Mosaiques**: un objet esthétique à rebondissements. Tradução [para fins acadêmicos] de Maria do Carmo Nino. Paris: Seuil, 2001.

DIAS, Anne Louise. Mais além da memória: intertextualidade em *A coleção particular*, de Georges Perec. **Revista Trama**, Cascavel, v. 12, n. 26, p. 254-274, 2016.

ECO, Umberto. Sobre os espelhos. *In*: ECO, Umberto. **Sobre os espelhos e outros ensaios**. Tradução de Beatriz Borges. Rio de Janeiro: Nova Fronteira, 1989. p. 11-37.

FRUNGILLO, Mário Luiz. **O espelho partido**: história e memória na ficção de Marques Rebelo. Campinas: Universidade Estadual de Campinas; Instituto Euvaldo Lodi, 2001.

GENETTE, Gérard. *Palimpsestes*: la littérature au second degré. Paris: Seuil, 1982.

GIDE, André. **Journal des Faux-monnayeurs**. Paris: Gallimard, 2001.

GIDE, André. O tratado de Narciso. *In*: GIDE, A. **A volta do filho pródigo**. Tradução de Ivo Barroso. Rio de Janeiro: Nova Fronteira, 1984.

GIDE, André. **Les faux-monnayeurs**. Paris: Gallimard, 1926.

GOULET, Alain. Le style à la lumière des fractales. **Revue Elseneur**, Presses Universitaires de Caen, France, n. 11, p. 153-178, 1996.

GULLAR, Ferreira. Ovni. *In*: GULLAR, Ferreira. **Melhores poemas**. São Paulo: Global, 2012. p. 118. (Seleção Alfredo Bosi).

HOMERO. **Ilíada**. Tradução de Frederico Lourenço. Lisboa: Cotovia, 2007.

HOMERO. **Odisseia**. Tradução de Frederico Lourenço. São Paulo: Companhia das Letras, 2011.

HUXLEY, Aldous. **Point Counter Point**. London: Chatto and Windus, 1954.

JENNY, Laurent. A estratégia da forma. Tradução do original **Poétique – Revue de Théorie et d'Analyse Littéraires** por Clara Crabbé Rocha. **Intertextualidades – Revista de Teoria e Análises Literárias**, Coimbra: Almedina, n. 27, p. 5-49, 1979.

JORGENSEN, Steen Bille; SESTOFT, Carsten. Georges Perec et l'histoire: actes du Colloque International de l'Institut de Littérature Comparée, Université de Copenhague du 30 avril au 1er mai 1998. **Études Romanes**, Museum Tusculanum Press, Copenhague, n. 46, 2000.

LABEILLE, Véronique. Manipulation de figure: le miroir de la *mise en abyme*. **Figura**, n. 27. Montréal: Centre de Recherche sur le Texte et l'Imaginaire, 2011. p. 89-104.

LEIBNIZ, Gottfried Wilhelm. **Monadologia**. Tradução de Adelino Cardoso. Lisboa: Edições Colibri, 2016. (Universalia, 8).

LELOUP, Jean-Yves. **O evangelho de Maria** (Miryam de Mágdala). Tradução de Lise Mary Alves de Lima. 11. ed. Petrópolis: Vozes, 2012.

LISPECTOR, Clarice. Os espelhos. *In*: LISPECTOR, Clarice. **Para não esquecer**. Rio de Janeiro: Rocco, 1999. p. 12.

MAGNY, Claude-Edmonde. **Histoire du roman français depuis 1918**. Paris: Éditions du Seuil, Collection Points, 1971.

MANDELBROT, Benoit. Fractais. *In*: FAUSTO, Rui; FIOLHAIS, Carlos; QUEIRÓ, João Felipe. **Fronteiras da Ciência**: desenvolvimentos recentes, desafios futuros. Tradução de Jean Burrows *et al*. Coimbra: Universidade de Coimbra: Gradiva Publicações, 2003. p. 63-89.

NASCIMENTO, Luís Fernandes dos Santos. Retrato e história: a pintura em Joshua Reynolds. **Discurso – Revista do Departamento de Filosofia da USP**, São Paulo, v. 50, n. 1, p. 81-92, 2020.

OKANO, Michiko. Entre Ocidente e Japão: circulação dos objetos artísticos e da técnica da

perspectiva. *In*: COLÓQUIO DO COMITÊ BRASILEIRO DE HISTÓRIA DA ARTE: Arte em Ação, 36., 2016, Rio de Janeiro. **Anais** [...]. Rio de Janeiro: [*s. n.*], 2016. p. 323-335.

PAIVA, Valéria. O mundo em fragmentos: Marques Rebelo, a política e as letras no Estado Novo. **Luso-Brazilian Review**, Wisconsin, n. 52, p. 54-72, 2015.

PEREC, Georges. **A coleção particular**. Tradução de Ivo Barroso. São Paulo: CosacNaify, 2005.

PY, Fernando. Os personagens (reais) de *O espelho partido*. Entrevista com Marques Rebelo. **Leitura,** Rio de Janeiro, n. 0 75/76, out. 1963.

RAMOS, Graciliano. **Vidas secas**. Rio de Janeiro: Record, 2012.

RAUS, Tonia. Cette impression que l'on n'em finira jamais. *In*: RAUS, Tonia; TORE, Gian-Maria. **Comprendre de la mise en abyme**. Rennes: Presses Universitaires de Rennes, 2019. p. 7-19.

RAUS, Tonia. Au début il n'y a presque rien: l'origine du roman chez Queneau et Perec. Queneau Perec Roubaud. **Cahiers Raymond Queneau**, Paris, n. 4, 2014.

RAUS, Tonia. La visitation, Carnets pour un roman: l'écriture en abyme de Jean Sorrente. *In*: CONTER, Claude D.; GOETZINGER, Germaine. **Identitäts(de)konstruktionen**: neue Studien zur Luxemburgistik. [S. l.]: Éditions Phi/CNL, 2008. p. 93-109.

RAUS, Tonia. La fiction et son faire. *In*: BERTELLI, D. et M. Ribière. **Entretiens et condérences,** Nantes, v. 2, p. 257-258, (1979-1981) 2003.

REBELO, Marques. **Stela me abriu a porta**. Porto Alegre: Livraria do Globo, 1942.

REBELO, Marques. **Oscarina**. São Paulo: Clube do Livro, 1973.

REBELO, Marques. **Marafa**. Rio de janeiro: José Olmpio, 2012a.

REBELO, Marques. **A estrela sobe**. 20. ed. Rio de Janeiro: Ediouro, 2001. (Coleção Prestígio).

REBELO, Marques. **A mudança**. Rio de Janeiro: José Olympio, 2012b.

REBELO, Marques. **O trapicheiro**. Rio de Janeiro: Nova Fronteira, 2002a.

REBELO, Marques. **A mudança**. Rio de Janeiro: Nova Fronteira, 2002b.

REBELO, Marques. **A guerra está em nós**. Rio de Janeiro: José Olympio, 2009.

REGAZZI, Jean. **L'expérience du roman**. Paris: L'Harmattan, 2011.

RIBEIRO, Djamila. **Quem tem medo do feminismo negro?** São Paulo: Companhia das Letras, 2018.

RICARDOU, Jean. Le récit abymé. *In*: RICARDOU, Jean. **Le noveau roman**. Paris: Seuil, 1978. p. 47-75.

RODRIGUES FILHO, Nelson. O Rio de Marques Rebelo: cidades, ficções. **Revista Tempo Brasileiro**, Rio de Janeiro, n. 85, p. 101-116, abr./jun. 1986.

ROSENFELD, Anatol. Literatura e personagem. *In*: CANDIDO, Antonio; ROSENFELD, Anatol; PRADO, Décio de Almeida; GOMES, Paulo Emílio Sales. **A personagem de ficção**. 2. ed. São Paulo: Perspectiva, 1968.

SAINT-AMAND, Denis. Mise en abyme et humour. *In*: RAUS, Tonia; TORE, Gian-Maria. **Comprendre de la mise en abyme**. Rennes: Presses Universitaires de Rennes, 2019. p. 73-84.

SAFFIOTI, Heleith. **A mulher na sociedade de classes**: mito e realidade. Petrópolis: Vozes, 1976. (Coleção Sociologia Brasileira, v. 4).

SAMOYAULT, Tiphaine. **A intertextualidade**. Tradução de Sandra Nitrini. São Paulo: Aderaldo & Rothschild, 2008.

SANTOS, Márcio Renato dos. A roda-viva literária. **Cândido – Jornal da Biblioteca Pública do Paraná**, Curitiba, ed. 109, ago. 2020.

SCARAMELLA, Renata Ribeiro. **Marques Rebelo**: um modernista carioca e esquecido. 2007. 131f. Dissertação (Mestrado em Letras) – Universidade do Estado do Rio de Janeiro, Rio de Janeiro, 2007.

SCHWARZ, Roberto. Entrevista. **Revista Literatura e Sociedade**, São Paulo, n. 11, p. 54-57, 2009.

SOUZA, Olga M. M. Carlos. **André Gide e a função da escrita**. Vitória: Editora da Universidade Federal do Espírito Santo, 2004.

TOULODIS, Constantin. Metaphor and mise en abyme in the Nouveau Roman. **The International Fiction Review**, New Brunswick: University of New Brunswick, n. 10, p. 27-32, 1983.

TORE, Gian-Maria. Puissances et limites de la mise en abyme ou quand il y a fait de lange. *In*: RAUS, Tonia; TORE, Gian-Maria. **Comprendre de la mise en abyme**. Rennes: Presses Universitaires de Rennes, 2019. p. 247-262.

TORE, Gian-Maria. La reflexivité: une question unique, des appproches et des phénomènes différents. **Signata**: Que peut la métalangage?, Liège: Presses Universitaires de Liège, n. 14, p. 53-83, 2014.

TRIGO, Luciano. **Marques Rebelo**: mosaico de um escritor. Rio de Janeiro: Relume Durnará, 1996. (Coleção Perfis do Rio).

VIDAL, Ariovaldo. Um ensaio na sala de aula. **Revista Todas as Musas**, São Paulo, n. 1. p. 16-30, dez. 2018.

VIDAL, Ariovaldo. Um conto exemplar. **Língua & Literatura**, São Paulo, n. 30, p. 331-344, 2012.

VIDAL, Ariovaldo. **A ficção inacabada**: uma leitura de Marques Rebelo. São Paulo. 1998. 201f. Tese (Doutorado em Letras) – Faculdade de Filosofia, Letras e Ciências Humanas, Universidade de São Paulo, 1998.

VIDAL, Ariovaldo; AGUIAR, Joaquim A. **Leniza & Elis**: duas cantoras, dois intérpretes. Cotia: Ateliê Editorial, 2002.

ZAHN, Maurício. **Sequências e Séries**: material de apoio elaborado para a Disciplina *Sequências e séries* do Curso de Graduação em Matemática da Universidade Federal de Pelotas, RS. Pelotas: UFPEL, 2017. Disponível em: https://wp.ufpel.edu.br/zahn/. Acesso em: 19 set. 2023.

ZAMBONI, José Carlos. **Madalena & Pinga-Fogo**. 1994. 172 f. Tese (Doutorado em Letras) – Universidade Estadual Paulista Júlio de Mesquita Filho, Assis, 1994.

ZAMBONI, José Carlos. O terceiro caminho. *In*: ZAMBONI, José Carlos. **A gaveta transparente** (blog de José Carlos Zamboni). Disponível em: https://www.geocities.ws/jc.zamboni/indicerebelo.html. Acesso em: 12 ago. 2023.

BIBLIOGRAFIA

ADONIAS FILHO. **O romance brasileiro de 30**. Rio de Janeiro: Edições Bloch, 1969.

AGUIAR, Ronaldo Conde. **As divas do Rádio Nacional**: as vozes eternas da era de ouro. São Paulo: Casa da Palavra, 2010.

ANDRADE, Márcia Siqueira de. **Mulheres do século XX**: a aprendizagem do feminino. São Paulo: Memnon, 2004.

ANTELO, Raul. **Literatura em revista**. São Paulo: Ática, 1984.

ANTUNES, Benedito. Forma literária e representação social. *In*: GOBBI, Márcia Valéria Zamboni; LEONEL, Maria Célia; TELAROLLI, Sylvia (org.). **Narrativa e representação**. São Paulo: Cultura Acadêmica, 2007. p. 107-128.

ARANTES, Paulo Eduardo. **Sentimento da dialética na experiência intelectual brasileira**: dialética e dualidade segundo Antonio Candido e Roberto Schwarz. São Paulo: Paz e Terra, 1992.

ARRIGUCCI JÚNIOR, Davi. Questões sobre Antonio Candido. *In*: ARRIGUCCI JÚNIOR, Davi. **O guardador de segredos**. São Paulo: Companhia das Letras, 2010. p. 211-218.

ARRIGUCCI JÚNIOR, Davi. **O cacto e as ruínas**. São Paulo: Editora 34, 2000.

ARRIGUCCI JÚNIOR, Davi. **O escorpião encalacrado**: a poética de destruição em Julio Cortázar. São Paulo: Companhia das Letras, 1995.

ANGELET, Christian. La mise en abyme selon le journal et la tentative amoureuse, de Gide. Romanica Gandensia: onze études sur la mise en abyme. Présentées par Fernand Hallyn. **Gent**, Belgique, n. 17, p. 9-20, 1980.

BAL, Mieke. Mise en abyme et iconicité. **Littérature**, Paris, n. 29, p. 116-128, 1978.

BAL, Mieke. Reflections on reflection: the mise en abyme. *In*: BAL, Mieke. **On meaning-making**: essays in semiotics. Sonoma: Polebridge Press, 1994. p. 45-58.

BABO, Maria Augusta; MACEDO, Rui; FERREIRA, Emília. **Invenzioni capricciose segundo Piranesi**. Lisboa: Edições Opway, 2008.

BLANCHOT, Maurice. O infinito literário: o Aleph. *In*: BLANCHOT, Maurice. **O livro por vir**. Tradução de Leyla Perrone-Moisés. São Paulo: Martins Fontes, 2005. p. 136-140.

BASSANEZI, Carla. Mulheres dos anos dourados. *In*: DEL PRIORE, Mary (org.). **História das mulheres no Brasil**. 9. ed. São Paulo: Contexto, 2009. p. 607-639.

BOSI, Alfredo. Marques Rebelo. *In*: BOSI, Alfredo. **História concisa da literatura brasileira**. 49. ed. São Paulo: Cultrix, 2013. p. 437-439.

BOSI, Alfredo. Uma caixa de surpresa: notas sobre a volta do romance de 30. **Teresa – Revista de Literatura Brasileira**, Dossiê "Em torno do Romance de 30", São Paulo, n. 16, p. 15-19, 2015.

CALABRE, Lia. A era do rádio: memória e história. *In*: SIMPÓSIO NACIONAL DE HISTÓRIA: HISTÓRIA, ACONTECIMENTO E NARRATIVA, 22., 2003, João Pessoa. **Anais** [...]. João Pessoa: Universidade Federal da Paraíba, 2003. p. 1-8.

CALVINO, Ítalo. Multiplicidade. *In*: CALVINO, Ítalo. **Seis propostas para o próximo milênio**: lições americanas. 2. ed. Tradução de Ivo Barroso. São Paulo: Companhia das Letras, 1990. p. 115-138.

CARNEIRO, Ana Paula Lima. **A mulher na ficção de Marques Rebelo**. 2018. 129 f. Dissertação (Mestrado em Letras) – Universidade Estadual do Rio Grande do Norte, Pau dos Ferros, 2018.

CARPEAUX, Otto Maria. *Ensaios Reunidos 1942-1978 – De A cinza do purgatório até Livros na mesa*. Rio de Janeiro: UniverCidade Editora: Topbooks, 1999. v. I, p. 904-906.

CAPIAU-LAUREYS, Évelyne. La coscienza di Zeno, d'Italo Svevo: discours spéculaire d'un roman psychanalytique. Romanica Gandensia: onze études sur la mise en abyme. Présentées par Fernand Hallyn. **Gent**, Belgique, n. 17. p. 67-80, 1980.

CARRARD, Phillipe. From reflexivity to reading: the criticism of Lucien Dällenbach. **Poetics Today**, v. 5, n. 4, p. 839-856, 1984.

COLLIER, Peter. La mise en abyme chez Proust. **Po&sie,** Paris, n. 48, p. 105-118, 1989.

COMPAGNON, Antoine. **O trabalho da citação**. Tradução de Cleonice Paes Barreto Mourão. Belo Horizonte: Editora da Universidade Federal de Minas Gerais,1996.

COSTA, Silvana Oliveira. **Modelos de representação das personagens femininas nas obras literárias: São Bernardo, Os ratos e A estrela sobe**. Brasília: Universidade de Brasília, 2017.

DALLENBACH, Lucien. Le tissu de mémoire. *In:* SIMON, Claude. **La route des flandres**. Paris: Les éditions de minuit, 1982. p. 297-316.

DEL PRIORE, Mary (org.). **História das mulheres no Brasil**. 9. ed. São Paulo: Contexto, 2009.

FILHO, Adonias. Introdução. *In*: REBELO, Marques. **A estrela sobe**. 20. ed. Rio de Janeiro: Ediouro, 2001. (Coleção Prestígio).

FREITAS, Jacqueline Maria. **Rainhas do rádio e rainhas do lar**: representações femininas na era do rádio. 2013. 116f. Dissertação (Mestrado em Letras) – Universidade Unigranrio, Rio de Janeiro, 2013.

FOUCAULT, Michel. A linguagem ao infinito. *In*: FOUCAULT, Michel. **Ditos e escritos III** – Estética: literatura e pintura, música e cinema. MOTTA, Manoel Barros da (org.). Tradução de Inês Autran Dourado Barbosa. Rio de Janeiro: Forense Universitária, 2006. p. 47-59.

FRUNGILLO, Mário Luiz. O Rio é o mundo: sobre Marques Rebelo no seu centenário. **Revista Rio de Janeiro**. Rio de Janeiro, n. 20/21, p. 119-131, dez. 2007.

GOLDMANN, Lucien. **Sociologia do romance**. Rio de Janeiro: Paz e Terra, 1976.

HALLYN, Fernand. **Onze études sur la mise en abyme**. Belgique: Romanica Gandensia, 1980.

LACROIX, Michel. L'aventure de la bâtardise critique: rupture, filiation et mise en abyme dans Les Faux-monnayeurs. **Littérature**, Paris, n. 162, p. 36-47, 2011.

LAFETÁ, João Luiz. **1930**: a crítica e o modernismo. São Paulo: Duas Cidades; Editora 34, 2000.

LANGE, Carla Helena. A figuração da personagem feminina no espaço urbano em *A estrela sobe*. *In*: LIMA, Marcos Hidemi de (org.). **Marcas da ordem patriarcal na literatura brasileira**. Londrina: Editora da Universidade Estadual de Londrina, 2019.

LECONTE, Bernard. **Images abymées**: essais sur la réflexivité iconique. Paris: L'Harmattan, 2000. (Coll. Champs Visuels).

LUCAS, Fábio. **O caráter social da ficção do Brasil**. São Paulo: Ática, 1987.

MELO, Ana Cecília Água de. O diário íntimo d'O trapicheiro: um exercício para o equilíbrio. **Revista Magma**, São Paulo. n. 8, p. 19-29, 2003.

MONTERO, Rosa. **História das mulheres**: introdução. Tradução de Joana A. Melo. Rio de Janeiro: Agir, 2007. p. 9-30.

OTSUKA, Edu. Literatura e sociedade hoje. **Revista Literatura e Sociedade**, São Paulo, n. 12, 2009.

PASCAL, Blaise. **Pensamentos**. Tradução de Mário Laranjeira. São Paulo: Martins Fontes, 2011.

PINTO, Célia Regina Jardim. **Uma história do feminismo no Brasil**. São Paulo: Perseu Abramo, 2003.

RABAU, Sophie. **L'intertextualité**. Paris: G. F. Flammarion, 2002.

REVISTA DA ACADEMIA BRASILEIRA DE LETRAS. Fase IV, Ano I. Rio de Janeiro: Academia Brasileira de Letras, out./nov./dez. 1974.

RONCARI, Luiz. Machado de Assis, Oswald de Andrade, Guimarães Rosa e Marques Rebelo: variações em torno do mesmo tema. **Scripta**, Belo Horizonte, v. 8, n. 15, p. 191-197, 2004.

ROSITO, Valéria. Quatro estrelas e uma cidade: o Rio espectral de Lima Barreto, Marques Rebelo e Rubem Fonseca. **Revista Rio de Janeiro**, Rio de Janeiro, n. 20-21, p. 133-152, dez./jan. 2007.

SEVCENKO, Nicolau. A capital irradiante: técnica, ritmos e ritos do Rio. *In*: SEVCENKO, Nicolau; NOVAIS, Fernando A. (org.). **História da vida privada no Brasil** – v. III: República: da belle époque à era do rádio. São Paulo: Companhia das Letras, 1998.

SCHWARZ, Roberto. **Sequências brasileiras**. São Paulo: Companhia das Letras, 1999.

SCHWARZ, Roberto. Entrevista. **Revista Literatura e Sociedade**, São Paulo, n. 11, p. 54-57, 2009.

STANCIU-CAPOTÃ, Rodica. Du blason littéraire ou la *mise en abyme* en littérature. **Diálogos**: le centre dans tous sés états, Bucarest: Département des Langues Romanes et de Communication en Affaires, n. 9, p. 55-57, 2004.

TODOROV, Tzvetan. Os homens-narrativas. *In*: TODOROV, Tzvetan. **As estruturas narrativas**. Tradução de Moysés Baumstein. São Paulo: Perspectiva, 1969. p. 119-133.

TOMASSINI, Giovanni Battista. La *mise en abyme*. *In*: TOMASSINI, Giovanni Battista. **Il racconto nel racconto**: analisi teorica dei procedimenti d'inserzione narrativa. Roma: Bulzoni, 1990.

VERRIER, Jean. Le récit réfléchi. **Littérature**, Paris, n. 5, p. 58-68, 1972.

VIDAL, Ariovaldo José. **Atando as duas pontas da vida**. São Paulo: Ateliê Editorial, 2020.